고려시대 사람들의 불교생활

고려시대사 연구회 지음

역사를 재미있게 04 고려시대 사람들의 불교생활

2006년 8월 20일 초판1쇄 인쇄
2006년 8월 30일 초판1쇄 발행

지은이 : 고려시대사 연구회 지음
펴낸이 : 임성렬
펴낸곳 : 도서출판 신서원
　　　서울시 종로구 교남동 47-2 협신빌딩 209호
　　　전화 : 739-0222·3　팩스 : 739-0224
　　　등록번호 : 제1-1805(1994.11.9)

ISBN : 89-7940-712-2

신서원은 부모의 서가에서 자녀의 책꽂이로
'대물림'할 수 있기를 바라며 책을 만들고 있습니다.
잘못된 책은 연락주세요.

역사를 재미있게 04

고려시대 사람들의 불교생활

고려시대사 연구회 지음

머리말

대학에서 교양 한국사를 강의하면서 아쉽게 느끼는 점은 해마다 학생들의 한국사에 관한 지식이 점점 줄어든다는 것이다. 그 이유는 국사가 대학수학능력시험에서 필수과목이 아닌 사회과 선택과목의 하나가 된 탓도 있지만, 무엇보다도 중·고등학교에서 가르치는 국사의 내용이 제도사 중심의 어려운 것이어서 자신들과 관련이 없으면 그다지 관심을 갖지 않는 신세대 학생들의 흥미를 유발하지 못하기 때문일 것이다.

아울러 일반독자들도 예전과는 달리 딱딱한 내용은 피하고, 대신 편안하게 읽을 수 있는 것들을 원하는 것 같다. 그 때문인지 최근 한국사 분야에서도 당대를 묘사한 그림과 일기 및 각종 문집류 등을 통해서 한 시대를 살았던 사람들의 삶과 죽음, 즉 의식주는 물론 관혼상제의 통과의례와 그 의식세계, 가족생활 등을 생생하게 복원하여 책으로 출간함으로써 독자로부터 좋은 반응을 얻고 있다.

고려시대사 연구자들도 이와 같은 일상사나 생활사에 대한 관심이 많다. 그러나 역사는 의욕만으로 서술할 수 없고 반드시 자료가 뒷받침되어야 하는데, 불행하게도 고려시대에는 고구려시대와 같이 사람들의 옷·음식·세계관 등을 보여주는 무덤벽화는 말할 것도 없고, 조선시대처럼 아침부터 저녁까지 사람들의 일상생활에 어떤 일들이 있었는지를 알려주는 일기조차도 없다.

이처럼 자료상의 한계는 있었지만, 실제 사례를 통해 고려시대 사람들의 생활이나 생각을 대중들에게 쉽게 전달하기 위해 편찬한 책이 박용운 외, 『고려시대 사람들 이야기』 I (정치생활), II (경제·사회생활), III (교육·사상 및 문화생활)이었다. 그런데 여전히 정치생활이나 경제생활 분야는 이해하기 어렵다는 독자들의 지적과 함께 어느 곳에서든지 책을 쉽게 펼칠 수 있도록 크기를 줄여달라는 요청이 적지 않았다.

이에 비교적 평이하게 잘 서술된 가족제도사·사상사·사회사·문학사 등에 관한 주제만을 따로 엮어 문고본으로 선보이게 되었다. 지하철이든 공원 벤치에서든, 이 책을 읽으며 잠시 복잡한 현실에서 벗어나 고려시대 사람들과 대화하며 그들과 친해지기 바란다.

끝으로 이 책의 기획과 출판에 힘써 준 신서원 편집부 여러분에게 감사드린다.

필자대표 이진한

차례

쉬어가는 곳

절을 없애고
승려를 환속시켜라

쉬어가는 곳

왕의 스승, 나라의 스승

　텔레비전이나 신문을 통해 정치인들이 여러 종교의 대표자들을 예방한 사례를 종종 접할 수 있다. 그 정치인이 실제로 믿는 종교가 무엇이든 간에 불교의 스님들을 찾아가고 천주교의 추기경을 만났다는 것이다.

　이런 만남이 이루어지는 이유는 여론을 알아보기 위해서이기도 하지만, 그 종교를 신앙하는 사람들로부터 지지를 받기 위해서이다. '불교국가'였던 고려는 불교계의 지지가 정치를 운영하는 데 현재보다 더욱 중요했을 것이다. 그리하여 왕사王師·국사國師제도를 운영했다.

신라시대에는 국사만 있었다

　불교는 고려시대에 갑작스럽게 믿게 된 것이 아니라

삼국시대와 통일신라시대부터 계속되었으므로 왕사·국사 제도 역시 삼국시대부터 연원하고 있다. 그러나 고구려와 백제는 역사자료가 신라에 비해 적은 편이고 불교와 관련해서도 마찬가지이다. 그러므로 고려와 비교해 볼 수 있는 경우는 신라뿐이다.

신라시대에는 불교교단을 효율적으로 관할하도록 하기 위하여 덕이 높은 고승을 국통國統·대국통大國統·국사國師·국로國老 등으로 임명하고 있다. 가장 먼저 등장한 것은 국통인데, 진흥왕 때 고구려에서 망명해 온 혜량惠亮은 국통으로서 중앙과 지방의 불교업무를 총괄 관리했다.

실질적인 업무를 가졌던 국통이나 대국통과 달리, 통일신라시대에는 백성을 교화할 수 있는 큰스님을 국사로 책봉하고 있는데, 효소왕 때의 혜통惠通이 그 최초이다. 그후 신라 말기에 선종이 융성하게 되면서 각 선문禪門의 고승들을 국사로 임명하고 있다.

신라 말에 왕권의 약화와 정치적 혼란을 겪게 되면서 국왕은 새롭게 등장한 선종을 통해 이러한 국면을 타개하고자 했으나, 대부분의 선종승려들은 신라왕실을 외면했다. 국사로 임명되거나 국사로서 대우받았지만 국왕이 위치한 경주로 가지 않고, 지방에 있는 호족들을 지도하거나 그들의 도움을 받고 있다.

국사에 상당하는 지위로 생각되는 것이 국로이다. 삼

국통일을 이룩한 문무왕이 세상을 떠나면서, 그 아들 신문왕에게 유언으로서 '경흥憬興이 국사가 될 만하다'라고 하니, 신문왕은 즉위한 뒤에 그를 국로로 삼았다. 경흥을 국사로 삼지 않고 국로로 삼은 일에 대해서는 경흥이 신라에게 정복당한 백제지역 사람이기 때문이 아닐까 하는 짐작이 있다. 그러므로 국로도 국사와 거의 비슷한 위치였던 것으로 생각되고 있다.

한 임금을 위한 왕사, 한 나라를 위한 국사

　　무신정권기의 유학자 이규보李奎報는 "왕사는 한 임금이 본받는 것이요, 국사는 한 나라가 의지하는 것이다"라고 이야기했다. 그러나 왕사나 국사의 구체적 임무는 없었다. 고려 전기의 왕사·국사는 불교계의 상징적인 대표로서, 거의 모든 백성들이 신봉하는 고승을 임명함으로써 민심을 수용하고 올바른 정치를 편다는 의미를 가지고 있었다.

　　또한 고승을 왕사나 국사로 책봉하여 국왕의 지위보다 위에 둔다는 상징성을 통해 불교계의 권위와 정치권력의 결합을 도모했고, 이로 인해서 정권과 피지배층과의 갈등을 없애면서 불교의 교화를 통치에 이용하려고 했다. 상징적인 의미가 많았던 만큼 살아 있을 때 왕사나 국사로 임명된 경우와 함께 사망 이후 추증되는 사례가 많았다. 생전에 고승이었던 스님들을 왕사나 국사로 임명함으로써 그 업적을 기리기도 했던 것이다.

왕사나 국사가 상징적인 존재였다는 것은 정확히 제시된 임무가 없었음을 의미한다. 그러나 왕사나 국사는 정신적 지도자로서 왕의 자문에 응하기도 했다. 그러나 전하는 기록에 따르면, 대부분의 자문에 대한 대답이 정치나 신앙의 원론적인 부분에 그치고 있기 때문에 정치에 실제로 도움이 되었는지는 의문이다.

또한 국왕이나 국가에서 개최하는 불교행사의 주최자로 활동하기도 했다. 불교의 대표자인 만큼 불교행사의 주최자로 활동했을 텐데, 전하는 기록은 많은 편이 아니다. 『고려사』와 『고려사절요』 등에는 불교행사가 개최되었다고 기록할 뿐, 주최하는 스님의 이름이 거의 제시되어 있지 않기 때문에 우리가 아는 것 이상으로 왕사나 국사가 불교행사를 주최한 경우는 더 있었다고 생각된다.

왕사나 국사로 임명된 고승들은 수도인 개경의 사찰에 머무는 것이 당연했으나, 전기에 임명된 이들은 계속 지방의 사원으로 가서 수양하겠다는 의사를 보인다. 국왕이 그들의 뜻을 꺾지 못하면, 하산소下山所가 될 절을 정해 주고 하산소의 경제기반이 되도록 향화지소香火之所라고 하는 사원전까지 지정해 줌으로써 왕사·국사들이 편안히 살 수 있도록 배려했다.

왕사국사 임명은 종파안배가 필요하다

왕사나 국사의 임명은 고려시대의 재상인 재추宰樞에게 자문을 구하고 공의정共議政이라는 방식으로 불교계의 의견을 물어 동의를 얻은 후 이루어진다. 그 후 관리임명과 동일하게 대간이 심사하여 동의하는 서경署經을 거쳐야만 했다.

예종이 담진曇眞을 왕사로 임명했을 때, 김연金緣뒤에 金仁存으로 개명은 대간으로서 왕사책봉에 반대했다. 물론 담진의 왕사책봉은 성사되었지만, 나중에 예종이 왕사를 책봉하러 가는 사신인 봉숭사奉崇使로 김연을 임명하려 하자, 김연은 끝까지 자신의 의사를 굽히지 않으면서 봉숭사 임명을 사양하고 있다.

왕사·국사의 책봉 때도 일반 관료의 책봉임명서와 같은 관고官誥라는 것을 내려준다. 고승들은 예의상 3번 사양하고 나서야 책봉을 받아들인다. 왕사나 국사의 대우는 구체적으로 전하지 않지만, 왕사의 예[王師禮]나 국사의 예[國師禮]로 대우했다는 기록으로 볼 때, 정해진 예우방식이 있었던 듯하다. 『고려도경高麗圖經』에 고려의 국왕은 왕사를 만날 때마다 절한다고 기록되어 있는 것으로 보아, 국왕이 왕사나 국사를 만날 경우에는 존경의 표시로 절을 했던 것으로 판단된다.

고려시대에는 승려들을 위한 승과라는 국가고시가 있어서 이에 합격한 자들은 승계[僧階]를 받고, 그 승계에 적당한 지위에 임명되었다. 왕자 출신의 일부 스님들이 승과를 거치지 않은 채 승계를 받은 경우를 제외하고는 고려시대 대부분의 고위승려들은 승과를 거친 뒤 승계를 보유하고 있다. 그러므로 왕사나 국사로 임명되는 스님들은 대부분 가장 높은 승계인 교종의 승통[僧統]이나 선종의 대선사[大禪師]였던 것으로 파악된다.

왕사와 함께 국사를 두는 것을 제도로서 정비한 때는 고려 4대 왕 광종부터이다. 그 후 왕사나 국사의 책봉이 보이지 않는 시기도 있지만, 그 때는 대부분 재위기간이 짧았던 왕의 시기이므로 그 이전의 왕사·국사가 계속 존재했다고 판단된다.

왕사·국사의 책봉에서 특이한 것은 종파별로 분배된다는 점이다. 고려시대에 크게 융성했던 불교종파로는 화엄종華嚴宗·법상종法相宗·천태종天台宗·선종禪宗 등을 꼽을 수 있는데, 이 종파들도 시기에 따라 세력에 차이가 있었다. 그래서 왕사·국사는 당시 가장 융성한 종파에서 임명했으며, 왕사와 국사가 같은 종파에서 나오지 않도록 배분했다. 이것은 왕사와 국사의 책봉이 단순하게 불교계의 지도자를 예우하는 데 그치지 않고, 각 종파의 고승을 임명함으로써 통치에 도움을 받으려 했다는 점을 확인시켜 주는 부분이다.

이제 스님께서 교종·선종의 주지임명을 주관하소서

　무신정권기를 거쳐 원나라 간섭을 받았던 고려 후기에는 정치적·경제적인 면에서 많은 변화를 겪었듯이 불교계에도 전기와 다른 양상이 나타난다. 우선 승과를 거치지 않고 승계를 받는 경우이다.

　지눌知訥의 뒤를 이어 수선사修禪社의 2대 사주가 되었던 혜심慧諶은 승과를 거치지 않았으나 대선사에 임명된다. 물론 혜심은 속세에서 과거시험에 합격한 경험이 있으므로 그것으로 대체했다고는 하지만, 최씨 무신정권은 속으로 혜심이 대표하는 수선사와의 결합을 희망했기 때문에 혜심을 대선사로 임명한 듯하다. 그리고 혜심은 사망 후에 국사로 추증되기에 이른다.

또한 원나라 간섭기에 국사는 국통이나 국존國尊이라 불리게 되는데, 고려가 원나라의 부마국이 되면서 여러 정치조직의 명칭이 강등되었듯이 국사라는 호칭을 피하기· 위한 것으로 생각된다. 한편 고려 전기에는 수여되지 않았던 양가도승통兩街都僧統의 직책을 국사에게 맡기고 있다. 양가라는 것은 교종과 선종을 말하는 것인데, 양가도승통이 되면 모든 승려의 승직임명을 담당하게 된다.

사원의 주지임명 등의 승직임명은 고려 전기에는 국가가 담당했지만, 후기가 되면서 왕의 총애를 받거나 원의 지원을 받아 정치적 발언권이 강했던 국사가 모두 총괄하게 되었다. 전기와는 달리 국사들이 실제적인 권한을 가지게 되었던 것이다.

그뿐 아니라 왕사나 국사로 임명되는 스님의 고향이 승격되기도 했다. 이 때의 승격이란 향鄕·소所·부곡部曲 같은 차별받는 지역을 일반 군현으로 바꾸는 식의 마을지위 상승 또는 그 지역을 다스리는 관리의 지위를 올리는 것이다. 그럼으로써 그 마을은 이전보다 세금부과 등 여러 면에서 더 좋은 혜택을 받는다.

또한 왕사·국사의 부모까지도 추봉하여 그들 부모의 지위까지 상승시키는 일도 있었다.

이러한 고려 후기의 국사·왕사 제도의 변화는 긍정적

인 면보다 부정적인 것이 더 많았던 듯하다. 한 승려가 전체 승직을 좌지우지하게 되면서 승려들이 뇌물을 써서 좋은 사원의 주지가 되려고 하는 등 불교계가 일반 속세처럼 타락해 갔기 때문이다. 바로 이런 점이 고려 말과 조선 초의 성리학자들이 불교를 비판하면서 거론하는 사례가 되었다.

박윤진

승려들도 나라를 위해 나서다

승군은 왜 조직되었는가?

불교국가였던 고려왕조는 불교사원에 대해 많은 우대 책을 펴나갔다. 그런 만큼 승려들은 국가나 왕실이 위급할 경우, 발 벗고 나서서 호국활동을 전개했다. 몽골이 경기도 용인龍仁을 침략했을 때, 승려인 김윤후金允侯가 적장 살례탑撒禮塔을 화살 하나로 쏘아죽여 전투를 승리로 이끌었던 것이 대표적인 사례이다. 국가적 위기에 봉착했을 때 승려들은 호국의 정신으로 직접 전쟁에 나아가 '살륙'을 감행했던 것이다.

승려들은 호국의 정신으로 자발적으로 전투에 나가기도 했지만, 국가의 징발로 군대에 편입되기도 했다. 그 대표적인 예가 항마군의 존재이다. 여진족과의 치열한 대립 시기인 숙종 때, 고려는 그에 대한 방비책으로 별무반別武班

이라는 특수군을 조직했는데, 그 특수군 가운데는 스님들을 주축으로 편성한 항마군降魔軍이 존재했던 것이다.

여기에서 한 가지 의문점이 생긴다. 불법佛法에서는 살생을 엄금하여, 아무리 작은 미물일지라도 그것을 죽이는 일은 절대 금지되었다. 그런데 불교의 계율에 따라야 할 승려들이 전투에 참여하는 것은 무슨 명목으로 가능했는가? 신라시대의 승려 원광圓光이 「세속오계世俗五戒」를 지으면서 화랑들의 살생을 '호국護國'이라는 관점에서 정당화한 적은 있지만, 살생을 절대로 할 수 없는 승려들을 국가에서 직접 군대에 편입시킨 적은 없었다.

승려들의 살생을 정당화한 불교교리는 '항마降魔'라는 단어에서 찾아야 한다. 원래 항마란 "석가모니가 수도할 때 해탈을 방해하고, 석가모니가 드디어 깨달아 법계法界에 들어갔을 때 그곳까지 따라가서 침해하는 악마를 물리친다"는 뜻이다. 그리고 이런 역할을 수행하는 존재로 사천왕四天王・팔부신장八部神將・금강역사金剛力士 등이 불교교리에 있다. 살생을 피하고 자비를 구하는 불교에서 살생을 권장하는 듯한 항마의 이론이 성립하는 것은 당연히 불법의 수호를 위해서이다. 호법護法, 즉 '불법의 보호'를 위해 교단의 무장을 인정했던 것이다.

그러나 승단의 무장은 이런 종교적 견해로만 설명할 수는 없다. 신라나 고려의 사원은 막대한 재산을 보유하고 있었다. 왕실과 귀족들이 자신의 극락왕생을 위해 많은 토지를 사원에 기부했던 까닭에, 점차 사원은 광대한 소유지를 가지게 되었고 자연히 이를 보호할 필요가 생겼다. 특히 신라 말 혼란기에는 국가가 지방에 대한 통제력을 상실했기 때문에 각 지방에 흩어져 있던 사원들은 자신들의 재산을 스스로 보호할 수밖에 없었던 것이다.

경상남도 합천에 있는 해인사탑비海印寺塔碑에 "유년酉年에서 묘년卯年까지 7년 동안 ··· 재앙이 사원과 호국삼보護國三寶에 미쳐서 불법을 믿는 사람들이 사원과 생사를 함께하면서 숲속의 도적들과 칼날을 교환하여 바위와 수풀 사이에 그 몸을 던졌다"라는 기록이 있다. 신라 말의 혼란기에 해인사와 같은 사원에 도적떼가 쳐들어간 것은 사원에 있던 막대한 재산 때문이었다.

해인사는 광대한 토지를 소유하고 있었다. 애장왕 3년(802) 왕이 직접 해인사에 토지 2,500결을 기부했고, 그 뒤에도 계속 신라국왕들의 기부가 이어졌다. 특히 진성여왕은 자신의 숙부였던 위홍魏弘이 죽자, 그를 추모하기 위해 해인사를 원찰願刹로 삼고 광대한 토지를 기부했다. 해인사에서 발견된 43건의 토지문서를 보면, 헌강왕 6·8·11년과 진성여왕 5·8년에 각각 토지가 기부된 것을 알 수 있다.

이런 계속적인 기부로 인해 해인사가 소유하게 된 토지의 규모는 상상을 초월하는 것이었음을 쉽게 짐작할 수 있다. 그리고 신라 말에 벌떼처럼 일어났던 반란군들이 많은 재산을 가지고 있던 사원을 첫번째 공격의 대상으로 삼았던 것도 당연한 일이었다.

이런 상황에서 사원들은 나름대로 자구책을 마련하지 않으면 안되었고, 그 결과가 승군의 조직이었다. 결국 승군의 조직은 교리상으로는 불법의 수행을 가로막는 '악마'를 물리친다는 '항마'에서 따왔지만, 실제로는 자신들의 재산을 보호하기 위한 자구책이었던 것이다.

승군의 호국활동

그런데 이렇게 조직된 승군을 고려왕조는 국가적 필요가 있을 때마다 이용했다. 즉 대외전쟁에서 국가적 위기에 봉착할 때마다 왕조는 그들을 군대에 편입시켜 전투에 직접 참여하게 했고, 국가적 규모의 토목사업이 진행될 때에도 그들을 동원했다. 이미 조직되어 있어 가장 손쉽게 징발할 수 있으며, 사원과 불탑의 건립 등으로 쌓인 우수한 건축기술을 가지고 있었기 때문에, 국가에서는 이들의 징발을 선호했다.

대외적인 전투가 있을 때마다 거의 예외없이 승군이

동원되었다. 현종 원년(1010)에 거란이 침입하자, 승려 법언法言은 탁사정卓思政과 함께 9천여 명의 군사를 거느리고 임원역林原驛에서 거란병을 맞아 적병 3천여 명을 죽이고 장렬한 최후를 맞이했다.

고종 3년에 거란이 국경에 난입하자, 서울사람으로 종군할 만한 자는 다 군대에 속하게 했고 또 승도를 징발하여 군인으로 삼으니 그 숫자가 수만 명이었다고 한다.

몽골과의 전투에서도 당연히 승군이 전투에 적극 참여했는데, 김윤후는 적장을 죽인 공로로 그 뒤에 무관직에 발탁되었고, 그 때 함께 전투에 참여한 승병들에게도 포상을 내려주었다. 고종 41년(1254)에는 몽골병이 상주尙州산성을 공격했는데, 황령사黃嶺寺 승려 홍지洪之가 몽골관인을 쏘아 죽였다고 한다.

또 공민왕 때 홍건적이 서경, 즉 평양을 함락하자 권적權適이라는 사람이 승병을 거느리고 가서 쳤다고 하며, 우왕 때는 중외의 승도를 징발하여 군사로 삼고 경기병京畿兵을 뽑아 대동강과 예성강에 주둔하여 왜구를 방비하게 했다고 한다.

이 밖에도 승군은 많은 전투에 투입되었는데, 자발적으로 나라를 위해 싸운 경우보다는 국가적 동원령에 의해 군대에 편입된 경우가 많았다고 여겨진다.

외적과의 싸움뿐만 아니라, 국내의 반란진압에도 승군

은 빈번히 동원되었다. 인종 13년(1135)에 묘청妙淸의 반란을 진압할 때, 승도들이 종군하여 뛰어난 활약을 펼쳤다. 그 가운데 모집에 스스로 응하여 종군했던 승려 관선冠宣의 활약은 매우 눈부셨다. 그가 갑옷을 입고 큰 도끼를 어깨에 메고 적진에 먼저 나가 적을 쳐서 십여 명을 죽임으로써 관군은 승세를 타서 반란군을 크게 격파하고 적의 머리 3백여 급을 베었다고 한다.

이 반란의 진압에서 또 주목되는 승려는 상숭尙崇이다. 그 해 3월에 벌어진 전투에서 김부식이 그로 하여금 도끼를 들고 마주쳐서 10여 명을 죽이게 하자, 적병이 스스로 무너져 달아났다고 한다. 묘청의 반란에 승도들이 자발적으로 참여하여 큰 공을 세웠던 것이다.

한편 무신정변 이후 각 지방에서 민란이 빈번하게 발생했는데, 이를 진압하는 데도 승군이 많이 이용되었다. 예컨데 명종 5년(1175)에 남쪽 지방민이 일으킨 민란을 진압하다가 관군의 전세가 매우 불리하게 되자, 왕조에서는 그에 대한 구원군으로 승병을 모집하여 파견했다. 또 명종 12년 4월에 죽동竹同 등의 반역에 대해 관군이 40여 일 동안이나 성을 공격했으나 함락하지 못했는데, 당시 그 지역 일품군一品軍(지방군 조직)의 대정隊正이라는 하위무관이 승려들과 더불어 죽동 등 10여 인을 죽임으로써 적을 평정하였다고 한다.

정쟁政爭에도 승군이 이용되었다. 인종 때 이자겸李資謙

은 국왕의 외조부이자 장인으로서 전권을 휘두르고 있었고, 이에 대해 인종 자신이 매우 불편한 마음을 가지고 있었다. 이런 인종의 속마음을 알게 된 내시 김찬金粲과 안보린安甫鱗 등이 먼저 '이자겸 제거'를 모의하여 그의 측근 인사들을 제거함으로써 결국 '이자겸의 반란'으로 확대되었다. 아버지 이자겸이 곤란에 빠졌다는 소식을 접하자, 아들인 승려 의장義莊은 아버지를 돕기 위해 현화사玄化寺의 승려 3백여 명을 거느리고 와서 궁성 밖에 이르렀다. 이 때는 이미 이자겸의 측근이었던 척준경拓俊京에 의해 사태가 어느 정도 수습되고 있던 상황이었다. 이에 승병들은 왕궁의 신봉문神鳳門 기둥을 도끼로 찍는 행위로 세력을 과시했다고 한다.

또 명종 때 조위총의 반란이 일어나자, 국가에서는 이를 진압하기 위해 관군과 함께 승군도 동원했다. 그런데 정중부의 아들 정균鄭筠이 종군하고 있던 승려 종참宗旵을 꾀어 당시의 무인집정이었던 이의방李義方의 목을 베도록 했다.

이 때 승군이 이의방을 제거하는 데 동의한 것은 '자신의 딸을 억지로 태자의 배필로 삼으려고 한' 이의방의 무뢰한 행동 때문이었다. 승려들은 이로 인해 '항마'를 감행함으로써 왕실을 보호할 필요가 있다고 여겼던 것이다.

그리고 고려 말에 이성계李成桂가 위화도威化島 회군을 단행했을 때, 최영崔瑩은 승려인 현린玄麟과 모의하여 승병을 내어 회군하는 이성계에 대항했다고 한다.

이처럼 국가적 전쟁뿐만 아니라 반란의 진압과 정쟁에 승군이 동원되었던 것은 관군만으로 문제가 해결되지 않을 때, 가장 쉽게 빨리 동원될 수 있는 조직이었기 때문이라고 할 수 있다.

더욱이 국가는 승군을 국가적 역사에도 동원했다. 예를 들어 인종 13년(1135)에 묘청의 반란이 일어났을 때, 주·현에 있는 군사 2만 3,200명과 승도 550명을 징발하여 토석土石을 지고 재목을 모아놓아 적의 침략에 방비케 했다.

또 우왕 2년에 전함을 만드는 승도를 경산京山 및 각 도에서 징발했는데, 양광도楊廣道는 1천 명, 교주交州·서해西海·평양도平壤道는 각기 5백 명, 경산은 3백 명이었다고 하며, 이 때 국령으로 "승도로서 만약 도피하는 자가 있으면 곧 군법으로써 논할 것이다"라고 했다.

이렇듯 국가에서 승도들을 토목사업의 주요 징발대상으로 삼았던 것은, 각종 석물石物의 제작과 건축 덕분에 사원에는 건축기술자가 양성되어 있었기 때문인 듯하다. 즉 전문기술 노동력이 사원에 존재했기 때문에, 국가에서는 토목사업에 이들을 동원했던 것이다. 또 한편으로는 이미 설명했듯이 이들이 어느 정도 조직을 이루고 있었으므로 동원이 수월했다는 점도 고려된 것이었다.

이렇게 승군이 별의별 일에 그것도 자주 동원되다 보니

까, 그만큼 불만도 많아져 이들이 오히려 반란을 일으키는 경우까지 생기게 되었다. 신종 5년(1202)에는 운문雲門[현 경북 청도]의 반란군들이 부인사符仁寺·동화사桐華寺의 승도를 끌어들여 영주永州를 공격했다.

또 고종 원년(1214)에는 거란의 침략으로 흥왕사興王寺·홍원사弘圓寺·경복사景福寺·왕륜사王輪寺·안양사安養寺·수리사修理寺 등의 승려를 종군케 했는데, 이들은 이를 계기로 오히려 당시의 집정자였던 최충헌을 죽이려고 모의하다가 저지되는 사건이 발생했다. 이 사건은 김덕명金德明이란 자가 일찍이 음양설로 최충헌에게 아부하여 자주 공역工役을 일으켜서 여러 사원을 침해했기 때문에, 승도들이 이를 원망하여 발생했다고 한다.

승군은 어떤 사람들로 조직되었는가?

불교국가였던 고려는 승려를 특별대우하면서도 한편으로는 승도들의 노동력을 가혹할 정도로 징발하기도 했다. 무슨 이유일까? 국가의 우대를 받고 있는 승려와 군인 또는 역졸로 징발당했던 승도는 서로 구별되는 존재였음에 유의하면 이 문제는 간단히 해결된다.

고려에서 '승도'라고 불렸던 존재는 불법에 정진하는 승려 이외에도, 사원에 예속되어 농업에 종사하는 존재였던 수원승도隨院僧徒가 있었다. 수원승도에는 본래부터 사원에 예속되었던 예속농적隸屬農的인 존재도 있었지만, 국가의 역役을 피하기 위해 자신의 토지를 사원에 기부하고 스스로 사원의 소작인이 된 농민들도 있었다. 어쨌든 승군이나 역졸로 편입되었던 존재는 불법에 정진하는 승려가 아니라 바로 '수원승도'였던 것이다.

수원승도에 대해 "국초에 중앙과 지방의 사원에는 모두 수원승도가 있어 항상 노역을 담당했는데, 마치 군·현의 민과 같이 일정한 재산을 가진 자가 많아 심지어 그 재산이 천백에 이른 경우도 있었다. 매번 국가에서 군사를 일으킬 때면 또한 중앙과 지방에 있는 여러 사원의 수원승도를 징발하여 각 군에 나누어 소속시켰다"라는 기록이 있다.

여기에서 수원승도라 불린 존재는 계戒를 받고 불법을 수행하는 승려가 아니라, 일반 군현민과 같이 재산을 소유하고 있던 백성임을 알 수 있다. 다만 그들의 존재가 사원과 밀접하게 관련된다는 점이 일반 군현민과 구별되는 것이라고 할 수 있다.

이들의 존재에 대해서 송나라 사람이 쓴 '고려견문록'이라 할 수 있는 『고려도경』에는 "재가화상在家和尚은 가사를 입지 않으며 계율도 지키지 않는다. 흰모시의 좁은 옷에 검정색 비단으로 허리를 묶고 맨발로 다니는데, 간혹 신발을 신은 자도 있다. 스스로 집에 거처하면서 부인을 거느리고 자식을 양육한다. 그들은 관청에서 기물을 나르고 도로를 쓸고 도량을 내고 성과 집을 수축하는 일들에 종사한다. 변경에 위험이 있으면 단결해서 나가는데 비록 달리는 데 익숙하지 않으나 자못 씩씩하고 용감하다. 군대에 가게 되면 각자 양식을 마련해 가기 때문에 나라의 경비를 소모하지 않고서 전쟁을 할 수 있게 된다. 듣건대 거란이 고려에게 패배한 것도 바로 이 무리의 힘에 의한 것이라고 한다"라는 기록이 있다. 여기에서 '재가화상', 즉 '집에 있는 승려'라고 불린 존재가 바로 수원승도라고 할 수 있다.

또한 이들을 '화상', 즉 승려라고 부른 것은 단지 "그들이 머리를 깎고 있어서 화상이라 부른 것일 뿐이다"라고 기록하고 있다. 따라서 이들은 승려라고 불렸지만, 계율을 지키며 불법에 정진하는 승려와는 전혀 다른 부류의 사람들이었다. 그러므로 국가에서 군대와 역사에 동원했던 것은 주로 이들이었다고 여겨진다. 일부 승려들도 국가적 징발에 동원되었지만, 그들은 주로 이들 수원승도를 인솔하는 관리자의 역할을 맡았다고 생각된다.

이정란

절에서 술을 팔다

사원의 경제력

고려시대에 사원의 경제가 발달하게 된 가장 큰 요인은 왕실 및 귀족들의 뒷받침이 컸다는 사실이다. 이는 고려의 건국이 불교와 밀접한 관계를 갖고 성립한 데에서 찾을 수 있다.

태조 왕건은 후삼국의 분열을 종식시키고 고려를 개창했지만, 신라와 후백제 지역에 산재하고 있던 각처의 호족들을 새로운 왕조의 지배체제 속으로 완전히 흡수하지는 못했다. 그러므로 태조는 호족연합정책을 펴나가면서 왕권안정을 위해 노력했다.

그런데 곳곳에 널려 있던 호족들을 포용한다는 것은 곧 선종사원들을 포용한다는 의미를 내포하고 있었다. 왕건 자신도 그가 남긴 훈요십조에서 후삼국을 통일하는 데 부처님의 가호가 컸다는 점을 언급했고, 또한 자신의 뒤를 잇는 모든 왕들이 불교를 신봉하도록 당부했다.

때문에 태조가 후삼국을 통일한 이후 왕조의 개창과 더불어 불교를 돈독히 신봉한 사실은 널리 알려진 일이다. 또한 역대 왕들도 불교신자가 되겠다는 약속으로서 보살계를 받고 불교를 열심히 신봉함으로써 고려왕조는 일명 불교국가로 불릴 정도로 불교가 차지하는 비중은 컸었다.

이러한 정치적 배경을 바탕으로 승려들은 사실상 귀족적 신분층으로 상승했고, 사원은 많은 토지와 노비들을 소유하여 탄탄한 경제적 기반을 이룩했다. 게다가 사원은 불가의 계율에 위배되는 술·소금·가축·파·마늘·꿀·기름 등을 생산하여 판매함으로써 이익을 남겨 경제력을 증대시켰고, 나아가 사원에 소용되는 물품을 자급자족하기 위해 만든 가내수공업이 전문적 수공업 단계로 발전하면서 잉여품을 판매하여 영리를 도모하기도 했다. 이에 더해 심지어는 8배 내지 10배가 넘는 고리대 행위로 이윤을 남겨 경제력의 증대에 한몫을 보태기도 했다.

한편 고려시대에는 수많은 불교법회가 베풀어졌는데, 여기에는 필연적으로 많은 경비가 요구되므로 보시가 뒤따르게 마련이었다. 불교에서는 보시와 불사의 공덕을 인정하고 있다. 따라서 개인이 자신의 소원을 이루고자 승려나 사원에 보시하여 불사를 일으키는 것은 당연한 일이다.

문제는 여기에서 남는 경제력을 국가와 백성의 발전과 안녕을 기원하는 용도에 사용했더라면 좀더 바람직한 일이 아닐까라는 것이다.

그러나 결과는 달랐다. 불교계에서 흡수하는 거대한 경제력으로 인해 국가경제가 고갈되고 민생이 도탄에 빠지면서 오히려 불교를 배척하는 논쟁을 야기함으로써 불교가 쇠퇴하는 하나의 요인을 제공했다. 이러한 상황은 고려시대 불교만의 일은 아니다. 오늘날의 종교계도 너무 지나치게 경제력 확대에만 심혈을 기울인다면 현재의 어느 시점에서나 언제든지 똑같은 일이 재현될 수 있다는 역사의 두려움을 새겨야 할 것이다.

사원의 대토지 소유

불교는 고려사회에 정신적으로 매우 큰 영향을 주기도 했으나, 반면에 물질적·세속적인 면에서는 너무 많은 재산을 소유함으로써 비난의 대상이 되기도 했다. 사원의 경제력을 증대시키는 데 가장 큰 비중을 차지한 것은 토지였다. 사원의 토지는 사유지와 수조지收租地로 구분된다.

사유지는 사원이 본래부터 갖고 있던 토지, 국왕이 시

납한 토지, 귀족과 양민들이 시납한 토지, 사원이 소유한 노비들이 개간한 토지, 사원의 재력으로 사들인 토지 등으로 사원이 소유권을 갖고 있는 토지를 말한다.

반면에 수조지는 사원을 국가의 공적 기관으로 간주하여 소유권은 부여하지 않고 단순히 국가의 명에 의해 정해진 비율만큼 조를 거두어들일 수 있는 권리를 위임해준 토지를 의미한다.

먼저 사원이 소유권을 갖고 있는 사유지에 대해서 구체적인 기록을 통해 알아보자. 후삼국이 통일되기 이전 신라의 여러 사찰은 많은 토지를 소유하고 있었다. 그 뒤 후삼국을 통일한 고려 태조 왕건은 신라 이래의 여러 사원이 소유하고 있던 토지를 국왕의 시납이라는 명분으로 그 소유권을 인정해 주었다.

이에 대해 『삼국유사』에 기록된 운문사의 경우를 들 수 있다. 태조 왕건이 후삼국을 통일하기 이전 경북 청도지역에서 산적을 정벌할 때, 봉성사에 머물고 있던 보양스님의 조언을 얻어 쉽게 그들을 제압할 수 있었다.

그 뒤 왕건이 후삼국을 통일하고 나서 보양스님이 작갑사를 짓고 산다는 말을 듣고 은혜에 보답하고자 태조 20년(937)에 5갑사의 토지 500결을 시납하고 절 이름을 운문선사라 했다는 것이다. 이 때 왕건이 시납한 5갑사의 토지 500결은 후삼국 당시의 혼란으로 폐사되기 이전에 5갑사가 소유했던 토지로 이해된다.

비록 왕건이 통일을 이룩하기는 했으나, 신라나 후백제 지역에 흩어져 있던 호족들이 여전히 각 지역을 장악하고 있었기 때문에 수도 개경에서 멀리 떨어진 청도지역의 토지를 국왕 임의대로 시납할 수 있는 상황은 아니었다. 그러나 운문선사의 경우에는 보양스님에 대한 은혜의 보답으로 혼란기에 무너진 5갑사 소유의 토지를 새로운 왕조의 권능으로 법적 소유권을 다시 인정해준 것에 불과했다.

이러한 사실은 비단 운문사의 경우에만 해당되는 것은 아니었을 터인데, 왕건에게 호응한 대부분의 사원은 이와 같은 특혜를 받았을 것으로 생각된다. 사원의 사유지에 대한 구체적인 기록은 현종 22년(1031)에 작성된 「약목군정토사오층석탑형지기」에서 확인된다.

이 기록에는 형지기가 작성된 연유, 토지의 소유주, 토지의 등급, 토지의 형태, 측량한 토지의 방향, 사방의 경계표시, 토지를 측량한 척의 단위, 총 척수 등이 명시되어 있으므로 정토사가 소유한 토지는 사유지임을 확실히 알 수 있다.

국왕뿐만 아니라 귀족과 양민들이 사원에 토지를 시납하는 일도 보편적으로 이루어지고 있었다. 귀족과 양민들이 시납한 경우에는 그들의 사유지를 시납했을 것이므로 사원의 사유지로 편입되었을 가능성이 크다.

이에 대해서는 성종 때의 명신이었던 최승로의 손자 최제안이 국왕의 만수무강과 국가의 안녕을 빌기 위해 토지를 시납하여 파괴된 경주의 천룡사를 재건한 것과 팔공산 지장사에 토지 200결, 비슬산 도선사에 토지 20결, 서경 사면산사에 토지 20결을 각각 시납한 사실이 있다.

또 공민왕이 원명국사를 임천 보광사에 주지하게 하자 원명국사의 형으로서 전농시의 판사로 퇴임한 김영인과 중대광 평양군 김영순이 토지 100경을 시납했다. 그밖에도 사원의 낙성 및 중창을 기리거나, 고인의 명복을 빌기 위해서 또는 개인의 소원성취 등을 위한 명분으로 고려시대 전체를 통해 끊이지 않고 시납이 이루어지고 있었다.

이같이 사원에 토지를 시납할 때는 관의 결재를 받아야 했으며, 시납한 뒤에는 새로이 문서를 작성하고 사원의 사유지로 귀속되었다.

한편 양민들이 토지를 시납한 구체적인 기록은 찾아볼 수가 없다. 그러나 성종 4년(985)·현종 8년(1017)·숙종 6년 (1109)에 집을 버려 절로 삼는 것을 금지하고 있고, 공민왕 3년에는 사원에 토지를 시납하지 못하도록 엄격히 규제한 사실이 있다.

이런 사실로 미루어보아 민간사회에서도 사원에 토지를 시납하는 행위가 일반적으로 이루어지고 있었을 것으로 이해해도 별 무리는 없을 것 같다.

양민들이 시납한 토지는 그들이 소유한 사유지, 즉 민전이었다. 그렇기 때문에 세금이 면제된 사원의 토지가 많아질수록 상대적으로 국가재정의 원천인 민전이 감소되므로 국가세수에 막대한 지장을 초래했다. 따라서 국가재정의 결핍을 막기 위해 법적 조처를 취하지 않을 수 없었던 것이다.

사원은 본래부터 소유한 사유지나 시납에 의한 사유지의 확대에 만족하지 않고 개간을 통해서도 토지를 넓혀 나갔다. 무신집권기에 수암사는 토지를 개간하여 농지를 확보하기도 했다. 더욱이 사원은 막대한 재력을 이용하여 좋은 토지를 사들이거나, 사원의 권력을 배경으로 강제로 토지를 빼앗아 점유하는 탈점에 의해서도 사유지를 확대하기도 했다.

이와 같은 사원의 사유지는 그에 예속된 노동력에 의해 직영되거나, 혹은 소작제 경영이 이루어졌다. 직영제 경영에는 사원이 소유하고 있는 노비와 하급승려들이 경작에 동원되었다. 반면에 소작제 경영을 채택한 경우에는 사자갑사의 땅을 빌려 경작하면서 만년을 보낸 최해의 예와 같이 전호에 의한 경작을 예상할 수 있다.

또 사원에 부속되어 있던 전호적 존재인 수원승도에 의한 경작도 짐작해 볼 수 있다. 수원승도는 불법을 수행하는 승려는 아니지만, 국가에 세금을 바치지 않는 비승비속의 존재로 사원 주변에 거주하면서 사원의 토지를 경작하는 전호적 계층이었다.

또한 사원은 하나의 공적 기구로 간주되어 단순히 조를 거두어들이도록 한 수조지도 소유하고 있었다. 사원의 수조지는 사원 주변에 위치하고 있는 백정농민들이 소유한 민전 위에 설정하여, 백정농민들로부터 민전의 수조율과 같은 10분 1의 전조를 거두어들이도록 위임한 토지이다. 이처럼 사원은 사유지뿐만 아니라 수조권에 입각한 토지까지 분급받아 대토지를 소유함으로써 사원경제의 토대를 탄탄하게 다져 나갔다.

사원의 상업활동

고려시대의 사원은 막대한 토지 이외에도 술·소금·가축·파·마늘·꿀의 생산판매와 심지어는 고리대라는 방법을 이용하여 사원의 경제력을 증대시켰다.

그러면 불교에서는 원칙적으로 상업활동을 허락하지 않았는가? 본래 인도에서 발생한 불교는 그 초기에 사원이나 승려들의 수행을 위해 필요한 만큼은 상업활동이 허락되었다. 그러나 인도불교의 상업관은 사원공동체의 자급자족을 위한 경제생활 이상의 이윤을 목적으로 한 영리행위를 용인한 것은 아니었다.

그런데 고려시대에는 사원의 승려들이 불교의 교리에 위배되는 물품을 생산하여 판매하는 상행위가 점차 심해지게 되었다. 이에 충숙왕 3년(1316)에는 승려들의 상행위를 금지하는 법적 조처가 취해졌다.

그러면 이와 같은 사원 및 승려들의 상행위에 대한 구체적인 실상은 어떠했는가?

먼저 사원 및 승려들의 상행위에 대한 예로는 양조업을 들 수 있다. 정부는 성종 2년(983)부터 개경에 6개소의 주점을 열어 술의 판매를 장려했다. 이 같은 국가의 주점설치는 사원의 양조업을 조장하는 결과를 초래했다.

국가의 정신적인 지주로서 백성들을 계도해야 할 사원이 술을 생산 판매함으로써 사회의 비난이 일게 되자, 정부는 이를 규제하는 법적 조처를 취했다. 즉 현종 원년(1010)에 승려들이 양조행위를 금하는 규제조치가 내려졌다.

그러나 왕의 금지령에도 불구하고 사원에서의 양조는 계속해서 이루어졌다. 이에 현종 12년에 다시 모든 사원의 승려들이 술을 마시고 즐기는 것을 금지하고, 또 사원에서의 양조를 금했다. 그렇지만 잦은 금령에도 불구하고 양조행위는 근절되지 않고 계속되었다. 이는 국가가 사원에 대해 형식적인 금지령만을 내리고 강력한 법적 조치를 취할 수 없었기 때문으로 사원의 막강한 세력을 짐작게 해주는 사실이라 하겠다.

당시 양조에 소모된 미곡 소비량은 얼마나 되었을까? 이에 대한 기록이 많지 않아 자세한 실상은 알 수 없지만, 현종 18년에 양주楊州에서 보고한 내용 속에 "장의사·삼천사·청연사 등의 승려들이 금령을 어기고 양조한 쌀이 360여 가마가 되었다"고 한 것으로 보아 전국의 사원에서 양조가 이루어졌다면 실로 엄청난 양의 미곡이 소비되었을 것이다.

사원에서 생산된 술은 사원 자체에서 소비하고자 한 것이 아니라 이를 상품화하여 판매할 목적에 그 뜻을 두고 있었다. 즉 인종 9년(1131)에 중앙과 지방에 있는 사원의 승도들이 술과 파를 팔고 있었던 기록을 통해 양조된 술이 상품으로서 판매되고 있었다는 사실을 알 수 있다.

다음으로 사원은 많은 염분鹽盆바닷물을 졸여 소금을 만들 때 쓰는 큰 가마솥을 소유하고 소금을 생산 판매하여 이득을 취해 경제력을 증대시켰다. 염제에 대해서는 『고려사』(식화지 염법조)에서 국초의 제도는 역사서에서 고찰할 수 없다고 했으므로, 전기의 염제에 관한 사항을 잘 알 수가 없다. 국가에서 소금에 관심을 갖고 적극성을 띠기 시작한 것은 후기의 일이다.

충렬왕 14년(1288)부터 소금의 전매제가 실시되었는데, 국가의 의도대로 시행되지 못했다. 그러자 충선왕 때 모든 궁원·사원·권세가들이 차지하고 있는 염분을 관청에 납입시키는 조처를 취했다. 이러한 사실들로 미루어 본다면 소금의 전매제가 실시되기 이전부터 곳곳에 사사로이 염분을 설치하여 소금을 생산 판매함으로써 그 이익을 독점하고 있었음을 알 수 있다.

또한 사원은 목축업을 통해 상업활동을 하기도 했다. 문종 10년에 내린 왕명 가운데 "역을 꾀한 무리들이 사문에 의탁하여 재물을 불려 생계를 경영하며 밭갈이와 축산으로 생업을 삼아 장사하는 것을 풍습으로 삼고 있다"는 사실이 이를 잘 말해 준다. 사원에서 목축한 가축의 종류는 주로 말과 소였다. 당시 수익성이 높은 말과 소를 사육하여 경제적 부를 축적하는 데 힘쓰기도 했다.

그리고 사원에서는 파·마늘·기름·꿀을 생산하여 판매하기도 했다. 예를 들어 문종 10년(1056)의 기사에 따르면 "불경을 강의하는 장소를 떼어내서 파밭·마늘밭을 만들었다"고 했고, 다시 인종 9년(1131)에는 "중앙과 지방에 있는 사원의 승도들이 술과 파·마늘을 팔았다"는 기록이 이를 잘 말해 주고 있다. 또 의종 11년(1157)에 "대부시大府寺에서 기름과 꿀이 고갈되었다고 보고하므로 모든 사원에서 징수하여 하늘에 제사지내는 비용에 충당하도록 하라"고

한 사실은 사원에서 기름과 꿀이 생산되고 있었음을 알려주고 있다.

끝으로 사원은 불가의 본질을 외면한 채 고리대와 보寶의 이식행위로 막대한 부를 축적하기도 했다. 고려사회에 통용되던 법정이자율은 경종 5년(980)에 정해진 3분의 1이 적용되었으나 잘 지켜지지 않았다. 성종 원년(982)에는 자모상모字母相侔라 하여 원금과 이자가 같은 액수가 되었을 때는 원금 이상의 이식을 취하지 못하게 하는 법이 보완되었다. 그렇지만 이러한 법식은 제대로 시행되지 못하고 후기로 접어들면서 사회·경제 구조의 변화에 따라 양민들의 생활은 더 어렵게 되고 고리대 행위는 한층 심화되었다.

명종 18년(1188)에 "거친 포布를 강제로 빈민에게 대여해 주고 그 이자를 취하니 모두 금지하라"고 했고, 또 명종 26년에 최충헌 형제가 이의민을 제거하고 올린 글 속에서 '승려들이 왕의 총애를 기화로 이식행위의 폐단이 적지 않았음'을 지적하고 있다.

그런데 이식행위의 폐단을 비판했던 최충헌의 손자들이 아버지인 최우의 권력을 배경으로 고리대를 자행했다. 최우는 적자가 없어 기생 서연방에게서 만종·만전 두 아들을 낳았다. 뒤에 최우는 병권을 사위인 김약선에게 물려주고자 했으나, 만종과 만전이 앙심을 품고 난을 일으킬까

두려워, 두 아들을 송광사에 보내 승려가 되게 하고, 선종 승려에게 제수하는 두번째 법계法階인 선사禪師의 승계를 내려주었다.

그 뒤 만종은 단속사에, 만전은 쌍봉사에 주지하게 되었는데, 이들은 불도를 닦는 데 전념하지 않고 자기들의 주변에 무뢰배 승려들을 모아 식리사업에만 주력하여 거만을 헤아릴 정도의 많은 재산을 축적했다.

더 나아가 이들은 경상도에서 축적하고 있던 50여만 가마라는 막대한 양의 관곡을 식리사업에 투자하여 그 이자를 착복함으로써 양민들은 남는 곡식이 없어 국가의 조세조차도 여러 번 바치지 못하는 실정이었다.

최우의 두 아들의 고리대 행위가 아버지의 권력을 배경으로 해서 이루어진 특수한 경우라고 할 수 있겠으나, 앞에서 언급한 사실과 관련시켜 보면 당시 사원에서의 고리대 행위는 보편적 현상이었을 것이다.

고리대 행위는 말기에 더욱 더 심화되어, 공민왕 원년에는 이를 엄히 다스리도록 하는 명령을 내리기도 했다. 즉 사원에서는 이식을 취함이 일정하지 않고 제멋대로 이율을 정하여 고리를 취했다. 심지어 양민들은 고리를 감당하지 못해 자녀를 팔기도 했는데, 3년이 넘도록 돌려보내지 않고 노역을 시키는 사원이 많았을 정도로 높은 이자를 받는 이식행위가 심화되었다.

또한 우왕 때에는 승려들이 불사를 빙자하여 강제로 양민들에게 쌀 1말과 포 1척을 빌려주고, 각각 1가마와 8척을 거두어들이니 무려 10배 내지 8배에 달하는 높은 이자를 감당하기란 쉬운 일이 아니었다.

한편 사원은 기초적 경제행위로 '보寶'를 운영했다. 여기에서 '보'란 방언으로 돈과 곡식을 시납하여 그 본전을 보존하고 이식을 취해 영원히 이롭게 한다고 하여 일컬어진 이름이다. 즉 '보'라는 것은 시납한 전곡을 기본자산으로 하여 그 이자를 취해 어떤 특수목적에 사용하고자 한 것이다. 고려시대에는 여러 가지 명목의 '보'가 설치 운영되었다.

그 가운데 사원과 연관된 '보'로는 승려들의 불학을 장려하기 위해 설치되었던 '불명경보'와 '광학보', 현화사의 금종을 주조하기 위해 기금을 조성했던 '금종보' 및 반야경의 주조를 위한 '반야경보', 공신들의 공덕을 기리기 위해 설치했던 '기제보' 등이 있다.

그러나 승려들은 '보'의 본래 목적을 망각하고 이를 이용하여 고리대 활동을 자행하기도 했다. 성종 원년(982)에 최승로가 올린 시무책 28개 조항 가운데 불보의 전곡을 여러 절의 승려들이 각각 주와 군에 사람을 시켜 관장하면서 해마다 장리長利를 주어 백성을 괴롭히고 있으니 이를 금지하도록 요청한 사실이 이를 잘 입증해 주고 있다.

지금까지 살펴본 바와 같이 사원은 불교의 계율에 얽매이지 않고 이윤을 남길 수 있을 만한 세속적인 상업활동을 도모하다가 오히려 백성들로부터 비난의 대상이 되어 불교계가 쇠퇴하는 한 요인이 되었음을 현금의 모든 종교계는 거울삼아야 할 것이다.

통도사 이야기

통도사通度寺는 신라의 자장율사가 당나라에서 부처의 가사와 사리를 받아가지고 귀국하여 선덕여왕 15년(646)에 창건했다. 창건 당시에는 대웅전·적멸보궁·법당 등의 건물이 있었다. 절 이름에 대해서는 다음과 같은 재미있는 설이 전해지고 있다.

첫째 통도사가 위치한 이 산의 모습이 부처님이 설법하시던 인도 영축산의 모습과 통하므로 통도사라 했고, 둘째 승려가 되려는 사람은 모두 이 금강계단을 통해야 한다는 의미에서 통도라 했고, 셋째 모든 진리를 회통하여 일체중생을 제도한다는 의미에서 통도라 이름 붙여졌다는 것이다.

이러한 해석을 누가 내렸고 언제부터 세상에 유포되기

시작했는지는 알 수 없어도 통도사의 성격을 잘 나타내 주는 표현이라 할 수 있다.

자장율사가 이 절에 금강계단을 쌓고 진신사리인 부처님 몸을 모셨기 때문에 법보사찰인 해인사, 승보사찰인 송광사와 더불어 불보사찰로서 삼보사찰의 하나를 이루게 되었다. 통도사의 건물배치를 보거나 창사의 정신적 근거를 찾을 때 이 절의 중심은 금강계단에 있는데, 이에 대해 일연은 민간사회에 전해오는 이야기라고 하면서 『삼국유사』에 다음과 같이 기록하고 있다.

옛날 고려에서 전후로 두 명의 안렴사가 와서 금강계단에 예를 올리고 사리를 봉안한 돌 뚜껑을 들고 들여다보니 처음에는 큰 구렁이가 돌 함 속에 있는 것을 보았고, 두번째는 큰 두꺼비가 돌 위에 쪼그리고 앉아 있는 것을 보았다. 그 뒤부터는 이 돌 뚜껑을 감히 들어보지 못했다.

일연스님이 이러한 전승을 들었던 시점까지 금강계단의 사리탑은 몇 번 열려져 공개되면서 신이한 사건이 일어났다는 이야기이다. 그 뒤 고종 22년(1235)에 상장군 김리생과 시랑 유석이 금강계단의 사리탑을 들어내고 돌상자 속의 사리를 꺼내 예를 올렸다는 사실이 『삼국유사』에 기록되어 있다.

그러다가 고려 말에 이르러 국세가 극도로 미약해진

틈을 타서 잦은 왜구의 침입으로 금강계단은 일대 수난을 겪게 되었다. 고려 말의 대학자였던 이색이 지은 「양주통도사석가여래사리기」에는 왜구에 의한 사리약탈의 의도가 상세히 전해지고 있다. 왜구들은 불교의 성스러운 물건을 일종의 재보로 여기고 항시 중요한 약탈대상으로 여기고 있었다.

당시 통도사의 주지였던 월송스님은 1379년 왜구의 약탈을 모면하기 위해 석가여래의 정골·사리·가사 등을 모시고 서울로 피신해야 할 정도로, 통도사 금강계단에 보존하고 있던 사리는 고려인들의 대표적인 신앙의 대상이었던 것이다.

신라시대의 가람배치는 남북 일직선상에 일 법당, 일 탑을 세우는 것이 정형으로 되어 있는데, 통도사는 그것과는 달리 대웅전 바로 뒤 북쪽에 위치하고 있는 금강계단이 중심이 되면서 동서로 여러 전각이 배치되어 있다. 특히 중심건물인 대웅전은 정방형 법당 외부 4면에 각각 다른 이름의 현판이 걸려 있다. 동쪽에는 대웅전, 서쪽에는 대방광전, 남쪽에는 금강계단, 북쪽에는 적멸보궁이라고 씌어 있다.

물론 이 네 가지 말은 표현만 다를 뿐 그 내용은 하나다. 부처님의 진신사리를 봉안했기 때문에 적멸보궁이라 했고, 그 사리탑은 깨뜨릴 수 없는 금강계율의 근본도량이 되기 때문에 금강계단이라 했으며, 이러한 곳은 진리의 몸인 법신불이 상주하는 대화엄의 근본도량이므로 대방광전이라고 한 것이다.

대웅전은 석가모니 세존을 모신 법당을 말하는데, 대웅이란 큰 영웅이라는 의미로 원래 석가모니불을 가리키는 말이다. 대웅전 법당 내부에는 불상이 없고 다만 거대하고 화려한 불단이 조각되어 있는데 이는 뒤편의 금강계단에 부처의 사리를 봉안하고 있기 때문이다.

이 절에는 많은 문화유산이 산재하고 있는데, 그 중에서도 고려시대의 것으로는 금속공예의 우수함을 엿볼 수 있는 은입사 향로와 당시의 토지경제를 이해하는 데 중요한 단서를 제공해 주고 있는 국장생석표 2기가 남아 있다.

장생表와 장승

장승의 기원은 선사시대까지 거슬러 올라가 선돌에서 찾아볼 수 있는데, 그 명칭 또한 시대의 변화에 따라 지역마다 다르게 불렸다. 신라와 고려시대에는 장생長生 · 장생표 · 국장생석표國長生石標 · 석적장생표 · 석비장생표 등으로 표기했고, 조선시대에는 장생長栍 · 장생우長栍偶 · 후堠 · 장승·장성·장선생·장선·당승·쟝승·장신 등으로 기록하고 있다.

먼저 고려시대에 보이고 있는 장생표에 대해서 살펴보기로 하자. 장생표에 관한 기록으로는 청도 운문사와 양산 통도사의 사적에서 참고할 수 있다. 『삼국유사』에 따르면 태조 왕건이 후삼국을 통일하고 난 직후인 태조 20년에 토지 500결을 운문사에 시납했는데, 여기에 장생표 11개가 946년(정종 1)에 세워진 것으로 전하고 있다. 여기에 세워진 장생표는 왕건이 시납한 토지 500결의 지배범위를 나타내는 경계표시였을 것으로 이해하고 있다.

또한 장생표로써 경계표시가 명시된 사원의 영역으로서는 통도사의 토지가 주목을 받고 있다. 유명한 『통도사 사리가사사적약록』에 따르면 대체로 14세기 초엽의 통도사는 12개의 장생표에 둘러싸인 주위의 둘레가 4만 7천 보쯤 되는 광대한 토지를 지배하고 있었다.

통도사가 어떠한 과정을 거쳐 그 방대한 토지를 지배하게 되었는지는 알 수 없지만 국가·왕실의 보호를 받아 형성되고 유지되었을 것은 충분히 짐작된다.

이를 뒷받침해 주는 사실로 통도사의 국장생석표에 새겨진 명문이 그 단서를 제공해 주고 있다. 이 석표는 절을 중심으로 사방 열두 곳에 세웠다고 하는데, 현재 두 곳에 석표가 남아 있다. 그 하나는 양산군 하북면 답곡리에 있는

데 보물 74호로 지정되어 고려시대 사원의 토지경제를 이해하는 데 매우 중요한 학술적 가치를 지니고 있다. 이 국장생석표는 통도사에서 동남방 2㎞지점 국도변에 위치하고 있는데 높이 166㎝, 폭 60㎝의 화강석 돌기둥에 해서체로 다음과 같은 내용이 음각되어 있다.

통도사 손내천의 국장생표 일좌는 통도사의 보고에 대하여 상서호부로부터 을축년 5월 일에 통도사에 통첩하기를 앞서 결정한 대로 고쳐 세우라고 분부하여 왔기 때문에 이 장생표를 세운다. 대안 원년 을축 12월 일 기록함.

이 기록 가운데 대안 원년은 고려 선종 2년(1085)에 해당한다.

또 다른 하나는 울주군 삼남면 상천리에 있는데 통도사에서 약 4㎞ 지점에 위치하고 있다. 크기는 양산군 하북면의 국장생석표와 비슷하고 명문의 내용도 같은 것으로 간주하고 있다.

통도사의 국장생석표에서 주목되는 것은 장생표의 건립에 국가기관인 상서호부가 개입하여 그 지시와 명령에 따라 장생표가 세워졌다는 사실이다. 이것은 통도사의 방대한 토지가 국가·왕실의 보호 아래 형성되었기 때문에 통도사가 독단적으로 장생표를 세우지 못하고 국가적 권력의 인가가 필요했던 것이다. 그러므로 국장생석표는 국가에서 인정한 통도사의 토지영역을 확인해 준 경계표시의 의미를 담고 있다고 할 수 있다.

이러한 이유로 고려시대의 장생표는 조선시대와는 달리 사찰의 지배영역을 표시하는 계표로서의 기능을 갖고 있었다.

반면에 조선시대에 와서는 장생長栍으로 표기하다가 16세기경 최세진이 『훈몽자회』에서 후堠를 '댱승후'로 풀이한 이후부터 장승이라는 명칭이 사용된 것으로 생각된다.

장승은 전국적으로 분포된 마을공동체의 신앙대상물로 나무기둥과 돌기둥에 사람의 얼굴 또는 신장神將의 얼굴을 그리거나 조각하고, 하부 몸통에는 천하·지하 대장군, 5방위 신장 등의 글자를 쓰거나 새겨넣어 마을 입구에 세워 마을을 지키게 하는 수호신상이다.

장승은 솟대·선돌·서낭당·산신당·당목 등과 함께 마을공동체의 숭배물로 동제洞祭신앙을 형성하는 대표적인 민간신앙물이라 할 수 있다. 이들에 대한 신앙과 의식은 마을공동체 구성원의 사회적 유대와 공동생활의 협동과 단합을 증대시키는 한편, 구성원들에게 정신적 위안을 주기도 했다.

장승은 마을의 안녕과 질서를 지켜주는 마을의 수호신, 풍농·풍어를 축원하는 신격대상물, 풍수지리적 비보물, 이정표·경계표시 등 복합적인 기능을 갖고 있다. 그러나 장승의 기능은 역시 마을공동체의 신앙대상으로서 수호신 및 축원대상으로 기능했던 우리의 대표적 민간신앙물이었다고 할 수 있을 것이다.

이상선

중국에 불교를 가르쳐준 고려인들

1996년 4월 세계적 석학 위르겐 하버마스의 방문으로 우리나라 학계가 매우 들썩거린 적이 있다. 그러나 그가 우리에게 남긴 말은 "한국에는 세계적으로 훌륭한 철학사고가 이미 있는 데 서양의 이론에 왜 그렇게 열광하느냐"는 것이었다.

강화도조약으로 세계체제에 편입된 우리나라는 그 뒤 서양의 과학기술뿐만 아니라 철학사상의 도입에 줄곧 목말라 했다. 그래서 드물지만 세계적인 석학이 우리나라를 방문하면 학계가 떠들썩했다. 세계사상계의 흐름뿐만 아니라 우리의 문제에 대한 해결책을 제시해줄 것을 간절히 바라는 우리에게 그가 남긴 일침은 뼈아프다. 오늘날 우리가 외면해 버린 우리의 철학사상이 가장 한국적이면서도 세계적인 사상임을 간과하고 있었던 것이다.

유학과 불교에서 대학자를 배출해냈으며, 그들을 중심으로 한 우리의 유학과 불교사상이 이웃나라의 사상계에 커다란 영향을 끼친 '사건'을 우리는 역사 속에서 심심치 않게 찾아볼 수 있다. 원효·의상·이이·이황·정약용 등이 대표적인 인물이다. 이 외에도 고려 천태종天台宗의 승려로 이웃나라 불교계에 커다란 족적을 남긴 사람이 있는데, 제관諦觀과 의통義通이 바로 그들이다.

천태종을 구한 고려 승려, 제관

5대의 혼란기를 극복하고 송나라가 막 건국하는 시기에 '변방의 작은 나라' 고려의 승려가 중국으로 건너가 그곳에서 쇠퇴해 가던 천태종을 부흥시키는 커다란 역할을 했다. 당시 송나라 사람들은 그가 저술한 책에 '천태종의 열쇠'라는 별명을 붙여주었다. 그가 바로 제관이다.

중국으로 건너가기 전 제관의 행적에 대해서는 전해진 것이 없다. 그는 고려 광종 12년(961)에 중국으로 건너가 천태종 12대조인 의적義寂에게 입문하여 그 곳에서 10년 동안 체류하다가 광종 20년(969) 또는 21년경에 입적했다고 한다.

제관이 중국으로 건너가게 된 것은 오월국의 왕 전숙錢俶과 밀접한 관련이 있다. 전숙은 불법을 신봉하여 일찍이 인도의 아육왕을 본받아 10년에 걸쳐 금동金銅과 정강精鋼으로 8만 4천 개의 탑을 주조했고, 각지에 사찰을 세워 승려들을 공양하고 섬겼다고 한다.

그러던 어느 날 당나라 현각玄覺선사의 저서인 『영가집永嘉集』을 탐독하던 전숙이 내용을 알 수 없는 대목이 나와 덕소德韶국사에게 묻자, 국사는 천태종의 의적에게 물어보라고 했다. 이에 의적을 불러 그 구절의 뜻을 물어보자, 의적은 "이는 『묘법연화경현의妙法蓮花經玄義』에서 나온 것입니다"라고 말한 다음, "당나라 말기에 난리를 겪어 천태종 서적이 흩어지고 없어져 위와 같은 글은 대부분 해외에 있나이다"라고 대답했다. 이에 전숙이 10명의 사자를 고려와 일본에 보내 서적을 구해 오도록 했는데, 이 때 고려에 파견된 사자는 고려왕에게 전달할 전숙의 친필편지와 50개의 보물을 가지고 떠났다고 한다.

전숙의 사신을 맞이한 고려국왕 광종은 제관을 중국에 파견하면서, 그에게 두 가지 일을 당부했다. 그 하나는 「지론소智論疏」・「인왕소仁王疏」・「화엄골목華嚴骨目」・「오백문五百門」 등의 여러 글을 중국에 전수하지 말라는 것이었고, 다른 하나는 중국에 도착하면 스승을 찾아 여러 어려운 문제를 묻되 만약 대답을 얻지 못하면 곧 가지고 간 나머지 책도 주지 말고 돌아오라는 것이었다. 즉 제관의 임무는 중국에 가서 귀중한 서적을 제외한 중국인들이 원하는 서적을 전

달하고, 가능하다면 구법求法활동을 통해 선진학문을 전수
받는 것이었다고 할 수 있다.

광종이 제관에게 당부한 두 가지 내용을 종합하여 보
면, 당시 고려는 중국으로부터 불교 선진사상 수입에 골몰
하고 있으면서도 한편으로는 고려 내부에서 확립한 사상
적 뿌리에 대해 상당한 자부심을 가지고 있어, 만약 중국의
승려들에게서 별다르게 뛰어난 점을 발견할 수 없다면 우
리의 '지적 재산권'을 유출시키지 않으려고 했음을 알 수
있다.

일부 학자는 고려 초기에 천태학은 종파로서 성립되지
않았다고 주장하기도 하는데, 고려 초에 천태학 연구가 활
발했는지에 대해서는 아직 의문의 여지가 있다.

천태학은 중국 후난성湖南省 남부 화룽현華容縣 출신의
지자智者대사가 혜사慧思에게 사사하여 선관禪觀을 닦고『법
화경』의 진수를 터득한 뒤, 교화활동을 하여 많은 귀의자
를 얻고 이후 저장성浙江省의 천태산으로 은둔하여 사색과
실수實修를 닦은 것이 종파성립의 단서가 된 학파이다.

우리나라에서는 신라의 승려 현광玄光이 지의[지자대사의
또 다른 이름]에게 법을 전한 혜사慧思에게서 법화삼매法華三昧
를 배웠으며, 이후 신라 승려 연광緣光과 고구려의 파약波若
등은 직접 지의의 문하에서 공부했다고 전해질 뿐이다.

그러나 고려 초 광종대 법안종法眼宗이 성행했음을 보

면, 천태종에 대한 이해는 어느 정도 있었다고 할 수 있다. 법안종과 천태종은 비록 선종禪宗과 교종敎宗이라는 입장차는 있지만, '교선일치敎禪一致'라는 면에서는 서로 대단히 근접하는 사상이었기 때문이다.

게다가 "우리 태조가 창업할 때 행군한 사대법사에 의한 일심삼관법一心三觀法이 있었는데, 그것은 성군이 삼한을 합하여 한 나라를 이루는 것과 풍토가 서로 맞습니다"라는 『동문선東文選』의 글에서 천태종의 '일심삼관법'은 후삼국 통일의 과업을 눈앞에 둔 왕건의 입장에서는 크게 유행시킬 필요가 있는 사상이었음을 알 수 있다.

결국 당시 고려 국내에서 진행된 천태학 연구수준이 중국 천태학에 큰 족적을 남긴 고려 승려 제관과 의통을 배출할 수 있었던 밑바탕이었다고 할 수 있다.

어쨌든 이상의 절차를 거쳐 중국으로 건너간 제관은 의적의 문하에 들어가 자신이 고려에서 가져온 서적을 '스승의 교문'에 맡기고 이후 중국 천태종 중흥에 큰 기여를 하게 되었다. 그는 중국에서 체류하는 동안 천태종의 교본이라 할 수 있는 『천태사교의天台四敎儀』를 저술했다.

기록에 따르면 그는 10년 동안 의적의 문하에 머물면서 이 책을 저술하여 상자 속에 넣어두었다고 하므로, 이 책은 입적에 가까운 시기가 아니라 중국으로 들어가 얼마 지나지 않은 시기에 저술되었음이 분명하다. 그렇다면 『천태사교의』를 지은 제관의 학문적 식견은 이미 고려사회에서 길러진 셈이다.

『천태사교의』는 2권으로 구성되어 있는데, 상권에서는 천태종 종파의 창립취지와 교판敎判불교의 다양한 교설을 여러 범주로 분류·종합하여 하나의 유기적인 사상체계로 이해하는 것을, 하권에서는 천태종의 남종南宗과 북종北宗 옛 스승들의 미묘한 입장차를 부각시켰다. 이 책에 대해서는 이후 천태종 계열뿐만 아니라 다른 종파에서도 많은 역주서가 발간되었고, 일본에까지 전파되어 일본 천태사상에 큰 기여를 했다.

천태종의 13대조, 의통

제관보다 먼저 중국 천태종계에 입문한 고려 승려로 의통(927~988)이 있다. 의통의 세속명은 윤유원尹惟遠으로, 후삼국 분립기인 고려 태조 10년(927)에 태어났다고 한다. 확실하지는 않지만 정종 12년(947) 즈음에 중국 오월국으로 들어갔다고 하니, 그의 나이 21세 때의 일이다.

처음에는 덕소국사가 거주하던 운거사雲居寺에 있다가 나중에 천태종 의적의 문하에 입문하면서부터 차차 두각을 나타내기 시작했다. 당시 의적의 문하에는 10여 명의

외국 승려들이 있었는데, 그 가운데 의통만큼 학식이 뛰어
난 사람은 없었다고 한다.

의적의 문하에서 약 20년 동안 있으면서 의통은 명성을
쌓아, 자신이 배운 것을 본국인 고려에 전파하기 위해 광종
13년(963)에서 18년 사이에 스승·학우들과 작별했다. 그런
데 당시의 태사太師인 전유치錢惟治가 그를 찾아와 깊은 뜻
을 구하고 스승으로 삼으면서 만류하자 그대로 그 곳에 머
물게 되었다.

광종 19년(968)에는 고승휘顧承徽라는 사람의 집을 희사
받아 사찰을 건립하고 송나라 조정으로부터 보운寶雲이라
는 사액을 받았는데, 이 때부터 그는 보운존자寶雲尊者라고
불리며 중국 천태종의 13대조가 되었다.

그는 보운사의 주지로 있으면서, 「관무량수불경소묘종
초觀無量壽佛經疏妙宗抄」·「금광명경문구기金光明經文句記」에   주
석을 달았고, 「찬석현변贊釋玄辯」을 지었다. 특히 중국 천태
종의 개창자인 지자대사의 '수심묘관修心妙觀'과 '감사정토
문의感四淨土文義'를 완벽하게는 아니지만 잘 이어받았다고
평가되고 있다.

그가 길러낸 제자로 자운慈雲법사와 법지法智존자가 있
는데, 그 중 법지는 그의 뒤를 이어 천태종의 14대조가 되
므로 천태종에서 그의 위치를 다시 한번 확인하게 된다.
훗날 송나라의 승려들은 가장 중요한 4명의 천태종 승려

로, 개창자인 지자대사와 함께 보운존자·법지존자·자운 법사를 나란히 거론함으로써 송대까지 그가 천태종의 중흥지조中興之祖로 인식되고 있음을 확인할 수 있다.

제관과 의통의 존재는 단순히 한 개인의 특출한 능력으로만 평가할 문제가 아니다. 의통의 경우 비교적 이른 나이에 중국으로 건너갔기 때문에 그의 지적 뿌리가 고려에 있는지 여부가 미지수로 남아 있기는 하지만, 제관의 경우는 좀더 적극적으로 평가할 필요가 있다.

이미 설명했듯이 제관을 중국에 파견하면서 광종이 취했던 자세에서 당시 고려의 천태학 연구수준은 상당한 경지에 이르렀음을 짐작할 수 있다. 고려 국내에 탄탄한 천태학의 기반이 뒷받침되지 않았다면, 중국에 체류한 지 얼마 지나지 않아 천태학에 길이 남을 『천태사교의』와 같은 훌륭한 저서를 편찬하는 것은 제관 개인의 능력만으로는거의 불가능했다고 할 수 있기 때문이다.

이정란

시험 보는 승려

고려시대에는 왕으로부터 일반백성에 이르기까지 불교를 신봉했고, 일상생활 대부분의 의례를 불교식으로 행했다. 장례는 화장하여 유골을 묻고 제사도 절에 가서 지냈다. 또한 불교행사였던 연등회와 팔관회가 매우 성대하게 개최되었다. 승려가 나라의 스승, 임금의 스승인 국사와 왕사로 책봉되어 높은 영예를 누리기도 했다. 고려시대에 불교는 국교라고 말할 수 있다.

고려는 국교인 불교에 대해서 많은 정책적인 배려를 했다. 예를 들어 국사와 왕사를 책봉한다든지, 불교사원에 대해서 세금을 거두지 않는 등이 그것이다. 또한 시험을 통해서 승려를 선발하고, 선발된 사람에게 사원의 주지를 맡기기도 했다. 일반관인을 뽑을 때 국가가 주관하여 과거를 실시하듯이 승려도 시험을 통해서 가려 뽑은 것이다. 이처럼 승려를 대상으로 하는 국가고시를 승과僧科라고 했다.

승려가 되기 위한 여정

단순히 머리를 깎고 절에 들어간다고 해서 승려가 될 수 있는 것은 아니다. 정식 승려가 되려면, 출가하여 사미계沙彌戒를 받고 또 구족계具足戒를 받아야만 한다.

출가란 집을 나와 절에서 생활하기 시작하는 단계이다. 10세 미만에 출가하는 사람도 간혹 있지만 대체로 10~15세 사이에 출가한다. 출가하여 6개월 또는 1년 동안 행자생활을 함으로써 승려가 될 자질을 가리고 스스로의 결심을 다짐한 뒤, 스승을 정하면 사미계를 받아 사미(여자인 경우는 사미니)가 된다.

사미계는 살생을 하지 않으며, 음행과 거짓말을 하지 않고, 술을 마시지 않는 등 승려로서 지켜야 할 여러 가지 계율을 말한다. 사미계를 받은 사미는 세속에 대한 미련을 버리고 참다운 불도수행을 위한 기초를 다지게 된다. 사미로서 무엇보다 중요한 것은 마음속에 자비심을 기르고 반드시 성불하겠다는 원을 세우며, 중생을 교화하기 위하여 몸과 마음을 모두 바칠 것을 다짐하는 일이다.

사미로 지낸 뒤 20여 세가 되면 구족계를 받아 비구(여자인 경우는 비구니)가 된다. 구족계는 모든 계율이 완전히 구비

되었다 하여 구족계라 하는데, 이를 잘 지키면 열반의 경지에 다다를 수 있다고 한다.

구족계를 받을 때는 별도로 계단戒壇을 만들어 행하는데, 국가의 관리를 받는 관단官壇에서만 가능하다. 구족계를 내려줄 때는 계를 주는 승려戒師가 수계자에게 구족계의 내용을 일일이 설명하고, 수계자로부터 하나하나의 계율을 반드시 지키겠다는 다짐을 받은 뒤에 계를 주는 형식을 취한다.

구족계를 받는다는 것은 득도했음을 인정받는 것이다. 출가하여 사미가 되고, 수행을 행하다가 구족계를 받아 비구가 되면 이제 정식으로 승려가 되었다고 할 수 있다.

이제 비구가 된 승려는 사원에 머물며, 열반하기 위해 도를 계속 닦게 될 것이다. 그런데 고려시대에는 승과라는 제도가 있었다. 승려에게 일정한 자격을 부여하고 인재를 선발하기 위해 실시하던 시험제도가 바로 승과이다. 승려로서 승과에 급제하고자 하는 열망이 있는 사람은 몇 년 동안의 준비과정을 거쳐야 한다. 그 다음 예비시험인 종선宗選을 통과하고, 대선大選에 합격하면, 대덕大德이라는 승계를 받고 사원의 주지가 된다. 종선·대선·대덕·주지 등의 생소한 용어가 등장한다. 이제부터 이를 알아보기로 하자.

힘써 배우기 여러 해 얼마나 수고스러웠으랴

고려시대에 승과는 관리를 선발·등용하는 과거제도의
시행(광종 9, 958)과 함께 시작되었다. 광종은 호족세력에 대
항할 만한 신진관료를 등용하기 위해 과거제를 실시했는
데, 이 때 불교교단을 통합하고 불교계를 포섭하려는 목적
에서 승과제도를 시행한 것이다. 승과 실시 이전에도 태조
왕건은 많은 사원을 세우고, 덕이 높은 승려를 불러들이거
나 승려를 선발하여 각 사원에 주지로 파견하기도 했는데,
광종대에 들어와 승과로 제도화된 것이다.

승과는 크게 두 단계로 나누어 실시되었다. 각 종파에
서 실시하던 일종의 예비고시 혹은 자격고시인 종선宗選과
국가가 주관하던 본고시로서의 대선大選이다. 일단 종선에
합격해야만 대선에 응시할 수 있다. 과거제도가 예비고시
와 본고시로 나뉘어 있는 것과 같은 원리이다.

종선은 창살지장唱薩之場·성복선成福選·중선中選·조계
종선曹溪宗選·취석聚席 등으로 불렸는데, 앞의 3종은 교종에
서, 뒤의 2종은 선종에서 행해진 것이다. 대선은 선종에서
는 선선禪選으로도 불리기도 했는데, 승과에서 가장 중요한
시험이라는 의미이다.

종선은 그 명칭에서도 드러나듯이 각 종파가 주관했으나 대선은 국가가 주관했다. 때문에 종파의 시험을 거쳐서 국가의 대선에 나간다는 점에서, 승과는 불교 각 종단과 국가가 연계하여 공동으로 운영·관리한 제도였다는 사실을 알 수 있다.

승과가 실시된 장소는 종선의 경우 각 종파의 주요 사원이었다. 자운사慈雲寺[창살지장]·숭교사崇教寺[성복선]를 예로 들 수 있다. 대선의 경우에는 선종은 주로 광명사廣明寺, 교종은 왕륜사王輪寺에서 실시되었다.

광명사는 태조가 개경의 옛집을 희사하여 창건했다. 이 절에 있는 우물에는 바로 왕건의 조부모인 작제건과 용녀의 전설이 전해지고 있기도 하다. 왕륜사는 태조가 창건한 절인데 역시 개경에 있다. 이 절은 교종의 총관단으로 교종승려들의 대선 장소였다.

승과는 승려라고 해서 모두 응시할 수 있는 시험이 아니었다. 과거제도처럼 응시자격이 적혀 있는 자료는 없지만 금석문이나 문집 등에 나타나는 승과출신 승려들은 대부분 관직자의 자손이거나, 지방의 향리인 호장의 자손이었다.

이 점을 통해서 본다면 승과 응시자들은 과거에서 제술업 응시자와 마찬가지로 상류계급이라 할 수 있다. 종교에서도 고려사회의 귀족제적인 모습이 보이는 것이다. 이는 서양에서 기독교가 유일한 종교로 인정받던 중세사회에 교황이나 추기경이 유력 귀족가문 출신이었다는 점을 상기한다면 이해가 되리라고 생각한다.

또한 소군小君도 승과를 보았다. 소군이란 왕과 신분이 천한 여자 사이에서 태어난 자손을 말한다. 왕의 적자였던 대각국사 의천과 원명국사 징엄은 승과를 거치지 않았는데 반하여 소군은 승과를 본 경우가 있다.

고시방법은 필기시험이 아니라 문답식 또는 토론식이었다. "21세에 왕륜사의 대선에 나아가서 經경을 담론談論함에 뜻이 심오했다"라는 기록을 통해서 보더라도 승려들끼리 둘러앉아 토론으로 평가했음을 알 수 있다. 교종의 시험 내용은 경전의 이해에 대한 문답 위주였으며, 선종은 선에 관한 문답이나 토론을 통해서 우수한 승려를 선발했다.

과거에서 제술업 시험을 감독하는 시관은 지공거와 동지공거이다. 이들은 시험과정을 감독하고 합격자를 정하는 권한을 부여받아 해당고시를 주관하는 관인이다.

승과에도 이러한 시관이 있었는데, 토론식 시험에서 이들 시관의 역량과 식견은 매우 중요했다. 이 때 승과의 주관자는 왕명에 의해 위촉된 각 소속 종파의 덕이 높은 승려들이었다. 이들은 응시자들의 토론에 대해 듣고, 식견을 판별하기도 했으며, 토론과정에서 잘못된 점이 있으면 이를 바로잡아 주기도 했다.

그런데 무신집권기에는 승려가 아닌 유학을 닦은 과거 급제자가 고시관으로서 승과를 주관하는 일도 있었다. 이는 당시의 유학자들이 불교교리에 대해 승려만큼 많은 지식을 가지고 있었음을 알려주는 대목이다.

불교의 승려들과 유학자들은 당대 최고의 지식계층이었는데, 이들은 서로 배타적이지 않았다. 유학자 가운데에도 불교신자가 많았는데, 이들은 현재의 정년퇴임에 해당하는 치사致仕를 하면 집에서 불경을 읽는 것을 소일거리로 삼기도 했다. 또한 과거준비생들이 무더위를 피해 사원에 가서 과거공부를 하기도 했다.

승과의 실시 시기는 정확하게 정해져 있지 않다가 선종 원년(1083)에 이르러 3년에 1회씩 실시하도록 제도화되었다. 그러나 일반과거와 마찬가지로 이러한 원칙이 제대로 지켜진 것은 아니어서 시행횟수가 더 잦았다고 생각된다.

오늘 뜻을 이루고 동료들 중에서 빼어났다

오랜 시간의 준비과정을 거치고 나서 승과에 합격하고 나면, 승려들에게는 승계라는 것이 제수되었다. 승계란 일정한 자격을 갖춘 것으로 인정되는 승려에게 국가가 수여하는 법계法階였다. 승계는 교종과 선종이 구분되었고, 그 순서가 정해져 있었다.

교종 : 대덕(大德) → 대사(大師) → 중대사(重大師) → 삼중대사(三重大師) → 수좌(首座) → 승통(僧統)

선종 : 대덕(大德) → 대사(大師) → 중대사(重大師) → 삼중대사(三重大師) → 선사(禪師) → 대선사(大禪師)

대덕大德에서부터 삼중대사三重大師까지는 교종과 선종이 동일하지만 그 이후에는 각각 수좌首座에서 승통僧統으로, 선사禪師에서 대선사大禪師로 승진하고 있다. 이 같은 승계가 한꺼번에 갖추어진 것은 아니고 대체로 광종대까지는 대덕에서 삼중대사까지의 승계가 성립되었고, 그 이상의 승계는 경종 이후 현종대 사이에 모두 갖추어졌다.

처음 합격한 승려는 첫번째 승계인 대덕이 수여되었다. 그 이후 대사에서 중대사로 법계가 승진하도록 되어 있는데, 일단 대덕이 된 이후에는 다시 승과를 거쳐 수여받는 것이 아니라 대부분 왕으로부터 법계를 받았다.

승계를 제수받는 절차나 방법은 일반과거와 비슷하다. 승계를 제수받을 때는 대간의 서경署經을 거쳐야 했다. 서경이란 관리를 임명할 때 대간이 그 사람의 잘잘못을 따져 보고 동의하거나 거부할 수 있는 권한을 의미하는데, 승려의 승계 제수에도 이를 거쳤다는 것은 승과 합격자들을 고려가 얼마나 중요하게 생각했는지를 알려준다.

혜심(慧諶)의 고신(告身)
고종 3년(1216)에 혜심을 대선사로
제수하는 임명장

또한 승계를 받을 때는 고신(告身)이라고 불리는 임명장이 주어졌다.

현재까지 남아 있는 승려 혜심의 고신을 살펴보면, 승계 제수의 절차나 형식이 일반관리와 크게 다르지 않았다는 점을 알 수 있다. 서경을 거치는 점이나 고신을 내려주는 것 등을 통해서 승려에 대한 인사행정이 일반관료의 체계 속에 포함되었다는 것을 알 수 있다.

법계를 받은 합격자들은 지방에 있는 사원의 주지로 파견되어서 한 사찰의 운영을 맡게 된다. 좋은 집안 출신일수록 큰 절 또는 국가에서 중요시하는 사원의 주지가 되었다. 또한 대덕에 제수되면 별사전이 주어지는데 밭 40결(結)과 땔감채취지(柴地) 10결이 주어졌다.

이처럼 승과합격자는 법계를 받고, 지방사원의 주지가 되며, 별사전을 지급받아 사회적·경제적으로 좋은 대우를 받는다. 대덕에서 대사로 승진하면 더 좋은 절에서 주지할 수 있게 되고, 승진해 나감에 따라 사회적·경제적 대우는 점차 나아진다. 그리고 최종적으로 나라와 국왕의 스승인 국사·왕사가 될 수도 있었다.

국사와 왕사의 책봉에서 승과합격 여부는 중요한 선발 기준이 된다. 현재 전하고 있는 대부분의 왕사와 국사가 승과합격자라는 점은 이를 증명해 준다.

'도'란 언제나 있어 왔지만 사람에 의해 넓혀지는 것을

그러나 모든 왕사와 국사가 승과합격자 출신은 아니다. 대표적인 스님이 앞에서 언급한 혜심이라는 분이다. 혜심 스님은 나주 화순현 사람으로, 어렸을 때 출가하기를 원했으나 어머니가 허락하지 않아 유학을 공부했다. 신종 4년(1201)에 과거의 예비시험인 사마시[국자감시의 이칭]에 합격하여 태학에 입학했다가, 어머니가 돌아가시자 당시 명망을 얻고 있던 보조국사 지눌의 문하로 출가했다.

조계종을 창시하여 고려불교의 대변혁을 이루어 큰 존경을 받던 지눌은 입적하면서 혜심을 후계자로 지명했다. 그만큼 혜심은 뛰어난 존재였다. 고종은 왕위에 오르자 혜심을 선사로 임명하고 곧 대선사로 올렸는데, 시험을 치르지 않고 바로 이러한 승계를 받은 이는 그가 처음이었다.

해동천태종을 창건한 대각국사 의천도 승과를 거치지 않고 국사에 오르는데, 그것은 그가 문종의 아들이었기 때

문에 가능한 일이었다. 혜심은 지눌의 정신을 계승하여 조계종을 발전시켰으며, 불교 우위의 입장이기는 하지만 불교와 유교가 다르지 않다는 유불일체론을 주창하는 등 많은 업적을 남기고 있다.

혜심 스님 이외에 원감국사 충지라는 분도 승과를 보지 않고 법계를 받았고, 후에 국사에까지 책봉되었다. 충지 스님은 과거의 본고시인 예부시에 장원급제한 후 승려가 된 분이다. 때문에 과거급제를 승과 합격으로 인정한 경우라고 할 수 있다.

고려는 승과제도를 통해서 인재를 선발하고 이들에게 법계와 별사전을 지급하여, 국가적 차원에서 불교의 삼보三寶[불교에서 세 가지 중요한 것으로, 부처(佛)·부처의 말씀(法)·승려(僧)을 지칭함] 가운데 하나인 승려를 육성하고 발굴해낸 것이다. 도道란 언제나 있어왔지만, 그것을 알리고 깨닫는 존재는 사람임을 잊지 않은 것이다.

이러한 승과제도는 고려 후기에 들어와서는 승계의 제수절차가 문란해져, 국가기관이 아닌 한 사람이 승계의 제수와 주지파견을 전담하는 등 그 역할이 많이 축소되었다.

또한 승려의 인사행정도 일반관료로부터 분리되어 국사·왕사가 독자적으로 행하는 등 불교계의 폐단이 나타나게 되었다. 대간은 승려에 대한 서경권을 상실했으며, 불교계의 일반정치에 대한 간섭은 결국 대간들과 불교계가 대립하게 된 한 원인이 되었다.

고려 후기에 이르러서는 승과의 실시 횟수가 현저하게 줄어들다가, 공민왕 19년에 종파를 초월하여 공부선工夫選이라는 단일승과제로 바뀌었다.

대선에 합격한 승려들에게 대각국사 의천이 내려준 시 한 수를 끝으로 이 글을 마무리하고자 한다.

힘써 배우기 여러 해 얼마나 수고스러웠으랴!
오늘 뜻을 이루고 동료들 중에서 빼어났다지만,
그대들에게 말하노니 전등傳燈의 뜻을 버리지 말라!
도道란 언제나 있어 왔지만 사람에 의하여 넓혀지는 것을.

임경희

절을 없애고 승려를 환속시켜라

불교는 고려의 국교

고려는 불교가 국교인 나라였다고 할 수 있다. 불교는 왕실로부터 일반백성에 이르기까지 종교적인 측면뿐만 아니라 일상생활에 이르기까지 깊은 영향을 끼쳤다.

고려 태조 왕건은 말년에 훈요십조를 남겼는데, 그 첫째 조에 "우리 국가의 대업은 여러 부처님의 호위하는 힘에 의지한 것이다. 그러므로 선종사원과 교종사원을 창건하고 주지를 보내 향불을 피우고 도를 닦게 하여 각기 그 업業을 닦게 하라.…"함으로써, 국가 자체가 불교에 힘입어 건국되었음을 강조했다. 또한 연등회·팔관회 등과 같은 불교행사를 잘 지켜 거행할 것도 당부했다.

고려의 4번째 임금인 광종은 불교와 관련된 제도를 정비했다. 그는 승려들도 과거를 치르게 했다. 즉 승과僧科제도를 둔 것인데, 일반 과거에 합격한 사람들이 특별한 대우를 받은 것처럼 승과에 합격하면 특별한 대우를 받으면서 승계(僧階)에 따라 승진할 수 있었다.

이런 승과와 승계제도는 승려의 공적인 지위를 인정함으로써 그들이 사회적으로 대우를 받게 한 조처인데, 왕사·국사가 의례적인 측면에서는 국왕보다 상위에 위치했다는 사실에서 더욱 잘 드러난다.

국왕의 자식, 즉 왕자 가운데 승려가 된 인물들이 적지 않다는 것 또한 고려시대 불교의 위치를 잘 알 수 있게 해준다. 일찍이 태조의 아들인 효목태자는 아들이 1명뿐이었는데, 그 아들이 출가했다. 또한 고려 천태종을 개창한 대각국사 의천(義天)은 잘 아는 것처럼 문종의 아들이다. 그가 승려가 된 것은 아버지인 문종이 어느 날 여러 아들에게 "누가 능히 중이 되어 복전(福田)의 이익을 짓겠느냐?"라고 권한 뜻을 따른 것이라고 한다. 국왕도 자기 자식 가운데 승려가 나오기를 원했다는 것을 알 수 있게 해주는 일화이다.

의천 말고도 문종의 아들 가운데 2명이 더 승려가 되었다. 그리고 숙종과 인종의 아들 각각 1명이 승려가 되어 뒤에 모두 국사가 되었고, 희종은 두 아들이 출가했는데, 그 중 1명은 국사가 되었다.

왕자들이 승려가 된 경우도 많지만, 귀족가문의 자식

가운데 승려가 된 이들은 너무 많아서 일일이 열거할 수가 없을 정도이다. 고려 전기의 경원慶源[지금의 인천]이씨 집안은 특히 많은 승려를 배출했는데, 세도가 이자겸李資謙의 아들 한 명도 승려가 되었다. 왕자는 물론 귀족가문의 자식들까지 승려가 되기를 꺼리지 않았다는 것은 고려 사회에서 불교가 존중받았음을 알 수 있게 해준다.

고려 후기에 들어와서도 그런 경향은 여전했는데, 조인규趙仁規 집안에서는 대대로 승려를 배출하면서 특정 사찰의 주지를 계속 맡아 문제를 일으키기도 했다. 이렇게 귀족가문에서 승려가 나오는 것은 고려 멸망 직전까지 계속되었다고 해도 틀린 말은 아니다.

지나침은 모자람만 못하다

불교가 왕실에서부터 귀족과 일반 백성에 이르기까지 절대적인 신앙으로 자리잡음에 따라, 자연스럽게 교단의 규모도 비대해져 갔다. 본래 불교사찰은 사유지를 가지고 있는데다 국가에서 장·처전莊處田이라 불린 토지세를 받을 수 있는 땅을 주었기 때문에 경제적으로 상당히 여유가 있었다.

거기에 더해 신도들의 재산 희사[기증]가 광범위하게 이루어짐으로써 사찰의 경제력은 날로 커져만 갔다. 특히 왕실과 귀족가문들의 재산기증은 그 규모가 컸기 때문에 사찰의 비대화를 부추겼다. 태조가 5백 결의 토지, 경종이 1천 경의 토지, 성종이 1천5십 결의 토지를 각각 사찰에 시납한 사실은 그 규모를 알 수 있게 해준다.

사찰이 이렇게 넓은 토지를 소유하는 것은 국가경제의 입장에서는 긍정적이지 못했다. 국가는 사찰이 소유한 토지에 대해서는 세금을 면제해 주었기 때문이다. 그런 까닭에 고려시대에는 일반인들이 사찰에 토지를 기증하지 못하게 하는 법령이 여러 차례 반포되었는데, 왕이나 귀족들이 그것을 제대로 지키지 않았으므로 있으나마나 한 법이었다.

사찰에서 세금이 면제되는 광대한 토지를 가지고 있었다는 것 자체는 그나마 큰 문제가 아니었다. 더 큰 문제는 사찰이 상업활동을 했다는 사실이다. 그들은 계율로 금지된 파·마늘 등을 생산하여 판매한 것은 물론이고, 소금을 생산·판매하기도 했으며, 한발 더 나아가 술까지 만들어 팔았다.

술 판매에 대해서는 국가에서 여러 차례 금지하는 법령을 반포했지만, 제대로 준수되지 않았다. 이런 상업행위 이외에 고리대를 놓아서 돈을 벌어들인 경우도 있는데, 이

것도 당연히 국가에서 금지하려고 했지만 쉽게 고쳐지지 않았다.

불교가 인도에서 발생했을 때나 중국에 들어왔을 때 상업활동이나 돈을 빌려주는 행위 자체를 인정하기는 했지만, 고려에서는 그 정도가 한층 심했던 것이다. 당연히 뜻있는 정치가들이나 학자들 사이에서 그러한 폐단에 대해서 지적하는 경우가 많아지기 시작했고, 불교교단 자체에서도 비판의 목소리가 낮지 않았다.

그러나 그런 움직임에 대해서 불교교단 핵심부에서는 올바로 대처하지 못했고, 오히려 자신들의 재산을 지키기 위해 무력기반을 준비하는 데 더 열심인 사찰도 많았다. 사찰을 지키는 역할을 했던 존재를 수원승도隨院僧徒라고 불렀는데, 이들은 승려와 일반인의 중간적 성격을 띠고 있었다. 수원승도는 사찰의 농사도 짓고, 일이 생기면 승군의 역할도 담당했는데, 여진을 정벌할 때 편성되었던 별무반 別武班에 속한 항마군降魔軍은 그들이 주축이 된 부대였다.

그러나 한편으로는 사찰을 후원해 준 귀족을 무력으로 지원하는 경우도 있었고, 사찰 사이의 이익다툼에 동원되기도 했다.

이렇게 도를 넘어서는 상업활동·고리대 활동을 하면서 부를 축적하고, 세금을 내지 않는 사찰에 대하여 비판하는 목소리는 성리학性理學이 수용되면서 더욱 높아졌다.

불교를 배척한 사람들

불교계에서도 이런 폐단에 대하여 자성의 목소리가 높아져 보조普照국사 지눌知訥과 원묘圓妙국사 요세了世 같은 이들은 결사結社뜻을 같이하는 승려들이 자기네의 신앙에 대한 수행을 위하여 맺은 단체라는 의미운동을 벌이기도 했는데, 그 취지는 계속 계승되지 못했다.

고려가 원나라의 간섭을 받기 시작하면서부터 불교는 더욱 귀족적·보수적 성격으로 변하여 갔다. 그리고 사찰의 재산을 자기 집안의 재산으로 간주하는 경우도 있어, 한 집안에서 특정사찰의 주지를 독점하기도 했으며, 다른 사찰과 재산을 놓고 싸움을 벌인 적도 있었다.

한편 원 간섭기에 원나라를 통하여 새로운 유학, 즉 성리학이 수용되었다. 성리학은 종래 자구字句의 해석에 주력하던 한나라·당나라 시대의 훈고학풍訓詁學風에서 벗어나 경학經學을 이론적으로 탐구하는 신유학의 한 경향을 말하는데, 고려에서는 남송南宋 때의 주희朱熹가 집대성한 성리학을 주로 수용했다.

고려 말에 주자성리학을 배운 이들 중에서 불교를 배척하는 사람들이 많이 나왔다. 고려 말 성리학자 사이에서 유종儒宗이라는 평가를 받았던 이색李穡이 공민왕 1년(1352)에 올린 상소문 가운데 다음과 같은 부분이 보인다.

이미 중이 된 자는 도첩度牒고려 때 국가에서 승려에게 준 출가증명세을 주고, 도첩이 없는 자는 즉시 군대에 충당할 것이며, 새로 지은 절은 철거하도록 하고, 철거하지 않을 경우에는 수령을 죄주어 양민들이 중이 되지 못하게 하소서.

위에 인용된 상소내용만 보면, 이색이 불교에 대하여 심하게 비판한 것으로 생각할 수 있다. 그러나 같은 상소문 중에서 "부처는 대성인… 지극히 성스럽고, 지극히 공정하여" 등의 표현도 사용한 것으로 볼 때, 불교 자체나 불교교리를 배척한 것이 아니라, 당시 불교의 폐단을 비판하려고 한 것임을 알 수 있다. 즉 성리학이 수용된 한참 뒤 공민왕대까지는 불교교리에 대한 비판보다는 불교교단의 폐단을 지적하는 것이 주류였다.

이색보다 조금 뒤의 인물인 정몽주鄭夢周에 이르면, 불교교리에 대해서도 문제를 삼기 시작한다. 그는 공양왕 2년(1390) 왕과 학문을 토론하는 자리에서 다음과 같은 말을 했다.

유자儒者의 도는 모두 일용 평상의 일이니, 음식이나 남녀관계는 사람이면 모두가 같은 바로서 지극한 이치가 그 속에 있습니다.··· 저 불씨佛氏는 그렇지 않아서 친척을 떠나고 남녀 관계를 끊으며, 홀로 바위굴에 앉아 초의목식草衣木食하면서 관공적멸觀空寂滅하는 것으로 종宗을 삼으니 이 어찌 평상의 도라 하겠습니까.

이를 보면, 정몽주는 불교의 교리에 대해서 비록 깊이 있는 내용을 말한 것은 아니지만, 불교가 일반인들이 취할 바가 아니라는 점을 왕 앞에서 분명하게 주장했다. 이색의 경우보다 불교 배척의 정도가 한 걸음 더 나아간 것임을 알 수 있는 것이다.

그런데 다음해가 되면, 이전과는 달리 매우 극렬한 불교 배척 상소가 연이어 올라온다. 당시 자연재해가 잇달아 일어나자 공양왕은 신하들에게 직언을 구했는데, 이것을 계기로 성균대사성成均大司成(국립대학의 총장격의 벼슬) 김자수金子粹 그리고 성균관의 교수직을 맡았던 김초金貂 등이 연이어 불교 배척의 내용을 담은 상소를 올린 것이다. 그 중 김초의 상소에는 아주 극단적인 주장이 포함되어 있었다.

출가한 무리를 몰아서 본 직업에 돌아가게 하고, 5교教와 양종兩宗을 깨뜨려 군대를 보충하고, 서울과 지방의 절은 모두 소재지의 관사에 소속시키고, 노비와 재용財用도 또한 모두 나누어 소속시키며··· 금령禁令을 엄하게 세워 삭발하는 자는 죽이고 용서하지 않으며, 부정한 제사를 지내는 자도 죽이고 용서하지 않아야 할 것입니다.

김초의 이 상소는 그 이전의 어떤 상소보다 과격하여 불교의 폐단이나 교리문제가 아니라, 아예 불교 자체를 없앨 것을 요구한 것이다. 이 단계가 되면, 불교 배척 주장은 더 이상 갈 데가 없는 곳까지 갔다고 할 수 있다.

그렇다면 공양왕 3년 무렵 모든 성리학자들이 이처럼 과격하게 불교를 배척했는가? 그렇지 않다. 오히려 정반대의 경우도 적지 않았다. 김초가 상소를 올린 다음달에 호조판서를 지낸 정사척鄭士倜과 김전金琠은 불교를 일으키고 숭상하여야 한다는 상소를 올렸다.

재미있는 것은 당시 공양왕은 김초의 상소를 읽고 화가 나서 죽이려고 했지만, 적당한 죄목을 찾아내지 못하여 실행에 옮기지 못하고 있었는데, 역시 성리학자이자 개혁성향의 관료인 이첨李詹이 "태조 이래로 불법을 숭상하고 믿었는데 지금 김초가 이를 배척하니, 이는 선왕의 성전成典을 깨뜨리고 훼손한 것이기 때문에 죄를 줄 수 있습니다"라고 공양왕에게 김초의 죄목을 지적해 주면서 김초를 죽일 것을 부추기기도 했다는 사실이다.

이 사건은 정몽주가 중재하여 김초에게 곤장을 때리는 것으로 마무리되었지만, 고려 멸망 바로 직전 해인 공양왕 3년까지도 불교 자체를 배척하는 것은 성리학자 사이에서도 보편화된 일이 아니었음을 알 수 있다.

무엇을 위하여 불교를 배척했을까?

불교는 고려 건국 이래 여러 가지 폐단을 일으킨 경우가 적지 않았고, 특히 원 간섭기를 거치면서 재산문제를 둘러싼 잡음이 더욱 많아졌다. 그런 까닭에 성리학이 수용된 이후 불교의 폐단과 교리 등에 대해서 어느 정도 비판을 받은 것은 당연했다. 그러나 워낙 뿌리가 깊은 종교였기 때문에 그 폐단을 비판하면서도 개인적으로 불교 자체를 신앙하는 성리학자들도 많았다.

그런데 공양왕 3년이 되면서 그 이전과는 달리 불교 자체를 완전히 말살시키려는 주장이 잇달아 제기된 것이다. 그러한 주장이 갑자기 극렬해진 이유는 성균생원成均館의 학생 박초朴礎가 불교를 옹호하는 글을 올린 김전 등을 비판하기 위해 올린 상소의 내용을 통해서 미루어 알 수 있다.

부처는 본래 오랑캐의 사람이므로 중국과 말이 같지 않고 의복제도가 다르며, 부부·부자·군신의 도리를 알지 못하니다.… [왕께서] 왕위를 헌신짝같이 하여 산에 들어가서 불교를 구한다면 김전의 말을 들어야겠지만… 김전은 수레에 사지를 묶어 찢어죽이고… 성균대사성을 겸하고 있는 정도전鄭道傳은 불교가 1백 대를 거쳐 속이고 유혹한 것을 물리치고 삼한 천 년 동안 미혹시킨 것을 깨닫게 하여, 이단을 배척하고 사설邪說을 그치게 하며 천리를 밝히고 인심을 바르게 했으니 우리 동방의 진짜 선비는 이 한 사람뿐입니다.… 전하께서 정도전의 정학正學을 의심하고 김전의 사설을 믿으면, 어찌 천하에서 비웃음을 당하고 만세에 희롱을 당하지 않으리까.

일개 학생인 박초는 상소에서 김전을 수레에 사지를 묶어 찢어죽이라 했고, 또한 공양왕에 대해서 정면으로 비판한 반면, 성균대사성을 겸직하고 있던 정도전을 우리 동방의 진정한 선비라고 최대한 추켜세우고 있다. 국립대학의 일개 학생의 입으로 왕이 신하인 정도전보다 훨씬 못난 존재로 격하된 것이다. 이것은 왕조시대에는 정말 있기 어려운 일이었다.

이러한 비판은 사실 김초의 상소에서부터 시작되었다. 김초와 박초의 상소 중간에 정도전과 남은南誾이 상소를 올렸는데, 그들도 공양왕에 대하여 덕을 닦지 않고, 정치를 올바르게 하지 못했으며, 우유부단하다는 등의 비판을 했다. 이런 왕에 대한 비판은 평상시에는 도저히 있을 수 없는 일이었고, 또한 비상시라 하더라도 아무나 할 수 있는 일은 더더욱 아니었다.

사실 공양왕 3년 무렵은 특별한 시기였다. 모두가 알고 있는 것처럼 고려가 멸망하기 1년 전이다. 그리고 조선을 건국하려고 하는 역성혁명파들이 고려를 유지하려고 하는 온건개혁파를 포함한 모든 반대세력에게 무차별적인 정치 공세를 가하던 시기였다. 역성혁명파의 핵심인물인 정도 전과 남은 등은 그들의 스승이라고 할 수 있는 이색을 사형 시킬 것을 요구했으며, 개혁성향을 가진 동료 권근權近·이 숭인李崇仁마저 죽이려고 했다.

표면적인 이유에는 조금씩 차이가 있었지만, 근본적인 이유는 모두 새 왕조 개창에 반대했기 때문이었다. 그런 정치공세가 가능했던 것은 이성계李成桂가 군사권을 완전 히 장악하고 있었기 때문이었다. 당시 이성계파는 우왕 14 년(1388) 위화도회군을 성공시키고, 최대의 군사적 실력자 였던 최영崔瑩을 제거한 뒤였기 때문에 별로 거리낄 것이 없던 상황이었다.

이렇게 새 왕조를 세우기 위한 준비를 진행하고 있던 역성혁명파에게 불교는 꼭 제거해야 할 대상이었다. 그 이 유는 첫째, 불교는 고려왕조의 국교로서 거의 모든 고려인 들에게 정신적 지주 역할을 해왔기 때문에 불교의 말살은 곧 고려의 멸망과 같다고 생각한 것이다. 둘째 이유는 사찰 이 가지고 있던 재산 때문이었다. 여러 가지 폐단을 야기시키면서 부를 축적해 온 사찰이 소유한 총 토지는 한때 고려 조정에서 세금을 거두어들이는 토지의 6분의 1에 이른다고 했다. 새 왕조를 세우려고 하는 정도전 등에게 이런 사찰의 재산은 꼭 필요한 것이었다. 이것을 국가로 환수할 수 있다면, 그것은 중요한 정치자금(?)이 될 수 있기 때문이었다.

불교는 원 간섭기 이후 더욱 많은 폐단을 드러내고 있었기 때문에 이색·정몽주와 같이 뜻있는 관료 대부분은 불교의 폐단을 개혁하는 것에 대해서는 찬성했다. 그런데 그런 사람들도 불교 자체를 없애는 것은 생각하지 않았고, 오히려 극렬한 불교 배척에 대하여는 적극적으로 반대하는 경우도 많았다.

그런 상황 속에서 공양왕은 불교를 내세워 고려를 유지하려는 노력을 했기 때문에 역성혁명파들은 자신들의 사상적 기반인 주자성리학을 내세움으로써, 불교를 배척하는 동시에 공양왕에 대해서 그의 근본적인 자질까지 거론하며 비판했던 것이다.

역성혁명파에 가담한 경우에는 그가 비록 박초와 같이 일개 국립대학의 학생에 불과할지라도 거대한 배후세력의 비호 아래 왕까지 공격할 수 있었던 것이다.

박초와 같은 인물은 오늘날 정치권에서 말하는 일종의 '저격수' 역할을 한 셈이다. 그것은 역사적인 사실로도 증명되는데, 『태종실록』과 『세종실록』에서 박초에 대한 기록을 찾아보면, 그는 공금횡령·권력남용 등과 같은 죄를 여러 차례 범했는데도 별다른 처벌을 받지 않고 태종의 비호를 받으면서 정치적으로 계속 성장했다.

일반적인 경우 태종은 사헌부(司憲府 오늘날의 감사원과 검찰의 기능과 비슷한 일을 담당했던 관청)에서 문제를 삼으면, 그것을 수용하는 편이었는데, 박초에 대해서는 예외적으로 몹시 편파적으로 우대하여 주었다. 그 이유는 공양왕 3년에 조선건국을 앞두고 그가 보여준 용감한(?) 행동 때문이 아니었을까?

쌓일 대로 쌓인 불교의 폐단이 국가와 백성들을 어려움에 빠뜨렸기 때문에 그 개혁을 주장하는 것은 시대의 대세였다. 그러나 정도전 등 역성혁명파들이 정치적 목적을 이루기 위하여 공양왕 3년에 집중적으로 행한 극렬한 불교 배척은, 문제를 올바르게 해결하는 방법이 아니었다. 그럼에도 고려가 멸망하고 불교가 추락한 것은 역사적인 대세였을까, 아니면 다른 어떤 힘이 작용한 것일까?

이형우

고려 사람들의
부처마음 모시기

쉬어가는 곳

스님이 된 왕자, 의천

『적과 흑』은 1830년대 반동기 프랑스를 배경으로 줄리앙 소렐이라는 청년이 출세하기 위해 몸부림치다 마침내 단두대에서 죽어가는 과정을 그린 스탕달의 사회풍자 소설이다. 여기서 '적과 흑'은 당시 귀족으로 태어나지 않은 이상 출세하기 위해 선택할 수밖에 없는 직업을 상징한다. '적'은 군인의 복장 색깔을, '흑'은 사제의 그것을 의미한다.

우리나라 전근대사회에서는 관리가 되는 길만이 출세의 방법이었다. 그러나 고려시대에는 승려가 됨으로써 사회지배층이 될 수 있었다. 귀족의 자제들도 승려가 되었고 또 그것을 자랑스럽게 여겼다. 귀족뿐만 아니라 왕자도 승려가 되었는데, 가장 대표적인 인물이 의천義天이다.

의천은 11살이 되는 1065년(문종 19)에 출가하여 흥왕사 興王寺의 주지로서 화엄종의 우두머리가 되었으며, 송나라 유학을 다녀온 후 흥왕사에 교장도감教藏都監을 설치하고 『속장경』을 간행했다. 또한 형인 숙종과 어머니 인예태후仁

睿太后의 도움으로 국청사國淸寺를 창건하고 천태종天台宗을 창시하여 당시 불교계를 통합하려고 했다. 1101년(숙종 6)에 입적하면서 대각大覺이라는 시호를 받고 국사로 추증되었다.

누가 복전을 짓겠는가?

의천은 고려시대의 전성기를 열었던 문종의 넷째아들로 태어났다. 문종의 뒤를 이어 왕이 되는 순종順宗·선종宣宗·숙종은 모두 그의 형이다. 어머니 인예태후는 용이 품속에 들어오는 태몽을 꾸고 의천을 낳았다고 한다. 승려가 되어 가진 이름은 후煦인데, 송 나라 철종의 이름과 같았기 때문에 후라는 이름으로 불리지 않고 자字인 의천으로 불렸다. 한편『고려사』등에서는 그대로 '후'라는 이름으로 표기하고 있다. 이는 고려 3대 왕인 정종定宗의 자가 의천이었기 때문에 이를 피하기 위한 것인 듯 하다.

대각국사 의천

의천이 11살 되던 해에 문종이 자식들을 불러놓고, "누가 능히 중이 되어 복전福田을 지어 이익이 되게 하겠느냐?"라고 묻자, 의천은 평소 스님이 되고자 했던 뜻을 밝혔다. 복전이란 농사를 짓듯이 복이 되는 일을 한다는 의미로 스님이 되거나, 스님에게 공양하는 행위 등을 일컫는다. 의천이 스스로 중이 되겠다고 하자 문종은 뒤에 경덕국사景德國師가 되는 난원爛圓을 불러 아들이 궁궐 안에서 출가하도록 하고 난원을 따라 영통사靈通寺로 가도록 했다.

의천은 출가한 지 3년 만인 14살에 승통僧統이라는 교종의 최고승계와 우세祐世라는 호를 받으며 왕실의 지원을 받아 난원 사후에 화엄종의 지도자로 성장했다. 승통은 승려들이 보는 과거인 승과를 거친 고승들에게만 주었던 승계인데, 의천은 왕자였기 때문에 승과를 보지도 않았고, 어린 나이임에도 불구하고 승통을 받을 수 있었다. 또한 세상을 돕는다는 뜻을 가진 '우세'라는 호만 보더라도 고려왕실에서 의천을 승려로 삼음으로써 무엇을 바랐는지 알 수 있다.

의천이 죽은 뒤에 받은 대각大覺이라는 호는 '큰 깨달음을 가진 자'라는 의미로 부처를 상징하는 것인데, 이런 호를 내리는 것에 대해 중서문하성에서 반대했음에도 불구하고 숙종이 고집했던 데서 고려왕실이 의천을 통해 불교계의 지지를 받고 또한 그를 불교계의 지도자로 만들려고 했음을 짐작할 수 있다.

왕자의 출가는 고려시대에 많이 이루어졌다. 『고려사』 열전만 살펴보아도 태조의 아들 증통證通국사, 문종의 아들로 의천뿐 아니라 도생道生승통과 총혜聰惠수좌가 있다. 또 숙종의 아들 원명圓明국사 징엄澄儼, 인종의 아들 원경元敬국사 충희冲曦 등이 왕자로서 스님이 된 사람들이다.

왕자가 승려가 될 수 있었던 것은 무엇보다 왕실이 불교를 깊이 믿고 있었고, 문종이 의천에게 출가하도록 권할 때 말한 것처럼 스님이 된다는 것은 복을 쌓는 일이었기 때문이다. 또한 왕실이나 정치권이 불교계의 동향에 많은 관심을 가지고 있었고, 반대로 불교계가 정치에 관여하는 일도 많았던 만큼 왕실은 불교계에 자신들의 지지기반을 만들기 위해서 아들들을 출가시켰다고 판단된다.

그 밖에 소군小君이라고 불리는, 어머니의 신분에 약간의 하자가 있는 왕자들을 출가시킴으로써 기반을 다짐과 함께 정식왕자가 아닌 이들로 하여금 왕위계승에 도전하지 못하도록 했다.

중국으로 밀항하다

의천은 스님이 된 뒤 화엄종뿐만 아니라 모든 불교종파

에 대해 공부했으며 심지어 유교·도교·제자백가의 학설까지도 섭렵했다고 한다. 그는 국내에서 특별한 스승을 두지 않고 공부하던 중, 자신의 지식의 깊이를 확인하고 혼자서는 풀 수 없는 문제 해결도 위해 송나라로 가고자 했다.

당시 고려는 거란족이 세운 요遼나라와의 전쟁 뒤 요의 압력으로 송나라와는 공식적인 외교관계를 끊고 있었다. 물론 문종 때부터 송과의 교섭이 재개되기는 했지만, 왕자를 송에 보냄으로써 요를 자극하는 것을 피하고자 했을 것이다. 그러므로 의천의 유학은 조정으로부터 계속 거절당했다. 왕자의 신분이었으므로 송으로 유학하기 위해서는 조정의 허락이 필요한데다가 당시 스님들의 중국유학은 국가가 관리했던 만큼 의천은 쉽게 중국으로 떠날 수 없었다.

그러자 의천은 1085년(선종2) 형인 선종과 어머니 인예태후에게 편지를 남겨놓고, 송나라 상인 임영林寧의 배를 통해 제자 2명만 거느리고 밀항해 버렸다. 선종은 이에 의천의 제자 낙진樂眞 등과 관리를 파견하여 무사히 도착했는지를 살피는 동시에 송나라 조정에 의천의 유학을 알렸다.

의천의 유학이 송나라의 국제적 위상을 내외에 증명하는 것이었던 만큼, 송 황제는 그를 궁궐로 맞이하여 융숭하게 대접하고 전담 관리까지 임명하여 활동을 돕도록 했다.

의천은 송에서 화엄종뿐만 아니라 천태종·법상종·선종 등 다양한 종파의 스님들을 만났다. 물론 화엄종에 가장 관심을 가져서 제일 먼저 화엄종 승려인 유성有誠을 만나 화엄과 천태의 동일함과 차이점을 확인했다. 의천이 송나라에서 가장 오랫동안 함께 지냈던 사람은 화엄종 승려 정원淨源인데, 함께 불경을 번역하다가 의천이 귀국명령을 받자 귀국 직전까지 동행하면서 화엄의 논의를 토론했다고 한다. 한편 천태종 승려 종간從諫을 만나서 천태교의를 전수받았으며, 천태종의 시조인 지자智者대사 부도를 찾아 본국에서 천태종을 펴겠다는 발원문을 바치기도 했다.

선종이 송 황제에게 의천을 본국으로 보내달라고 요청했으므로 의천은 14개월의 유학을 마치고 귀국하게 되었다. 의천은 귀국하면서 선종에게 밀항한 죄를 벌해 달라는 글을 올렸지만, 선종과 인예태후는 궁궐에서 봉은사奉恩寺까지 마중나와 영접의식을 성대히 치러주었다.

의천은 흥왕사에 교장도감을 설치하고, 자신이 송에서 구해온 불경은 물론 나중에 송과 요 그리고 일본에서까지 불경을 구해 간행했다.

천태종을 열다

의천은 스승 난원이 죽고 나서 왕실의 지원을 받아 승

통의 지위로 화엄종을 장악했던 듯하다. 게다가 형인 선종이 그를 문종 때 창건된 흥왕사의 주지로 임명하면서 명실상부한 화엄종의 지도자 역할을 했다. 그러나 선종이 죽고 자신의 조카인 헌종이 왕위에 오른 뒤 의천의 위상은 조금 달라졌다.

당시 고려의 불교계는 크게 화엄종·법상종·선종으로 구분해 볼 수 있다. 선종은 고려 초에 크게 융성했으나 의천 당시에는 조금 쇠퇴해 있었고, 교종인 화엄종과 법상종이 가장 큰 세력을 가지고 있었다. 법상종은 현종顯宗의 원당인 현화사玄化寺를 중심으로 운영되었는데, 당시 귀족 세력들과 밀착되어 있었다. 특히 인주仁州이씨 세력은 문종과 선종의 왕비로 자신들의 딸을 바치면서 정치세력을 키워가고 있었는데, 법상종에 자신들의 아들들을 출가시킴으로써 그들의 종교적 기반으로 삼고 있었다.

선종이 죽고 나서 즉위한 헌종은 어렸기 때문에 외가의 간섭을 많이 받았던 듯하고, 그러한 이유 때문에 법상종이 상대적으로 화엄종보다 우월한 위치를 차지했던 듯하다. 그리하여 헌종이 왕위에 있을 때, 의천은 해인사海印寺로 물러나 있었다.

이러한 때 소위 '이자의의 난'을 진압하고 의천의 셋째 형인 숙종이 즉위하자, 의천은 다시 흥왕사의 주지로 돌아오게 되었다. 이후 의천은 천태종을 고려에서 개창할 계획을 세우게 된다.

의천이 천태종에 관심이 있었던 것은 송나라 유학 이전 부터였지만, 아마도 해인사로 물러나게 되면서 법상종과의 대결에서 우위를 차지할 방법으로 천태종을 선택한 듯하다. 즉 화엄종과 대립적인 관계에 있었던 법상종 교단을 견제하기 위하여 제3종단인 선종의 승려들을 포섭하려고 천태종을 개창했던 것이다.

한편 헌종 때 왕권의 약화를 경험했기 때문에 즉위와 더불어 왕권을 강화하는 데 많은 관심을 가졌던 숙종과 그 어머니 인예태후의 지원도 큰 역할을 했다.

그렇지만 의천이 천태종을 연 데는 정치적 이유 이외에 종교적 이유도 있었다. 불교 이론으로만 보더라도 중국에서 가장 발달한 것이 화엄종과 천태종이었다. 그러한 천태종이 고려에서 제대로 연구되지 않고 교단이 형성되지 않았던 점에 의천은 애석함을 느꼈을 것이다.

또한 당시에 의천은 불경공부만 하고 참선을 제대로하지 않는 교종이나, 참선에만 집중하면서 불경공부를 도외시하는 선종 양쪽을 비판하고 있었는데, 천태종은 교종중에서 선수행을 강조하고 있었으므로, 그는 천태종이 불교수행에 가장 알맞은 종단이라고 생각했을 수 있다.

종교적으로나 정치적으로나 천태종이 필요함을 느낀 의천은 1097년(숙종 2) 국청사國淸寺를 창건하고, 그 곳을 기반으로 천태종을 개창했다. 또한 의천은 자신의 제자들과 선종 5개 사찰의 1천여 승려들을 천태종에 속하도록 하고, 1101년(숙종 6) 천태종의 승과를 시행함으로써 천태종이 명실상부한 종단이 되도록 했다.

그러나 바로 그 해에 의천이 입적함으로써 천태종 내부에 분열이 일어났고, 선종 승려들 가운데 본래 자신의 종파로 복귀하는 자들까지 생기면서 의천의 천태종 개창은 그 목적을 다하지 못하게 되었다.

박윤진

세계의 문화유산, 고려대장경

현재 합천의 해인사 장경각藏經閣에 보관되어 있는 대장
경판大藏經板은 국보 제32호이다. 이 대장경판은 1995년에
유네스코UNESCO가 인류가 소중히 보전해 나가야 할 세계
문화유산의 하나로 지정함으로써 세계적으로 그 문화적·
역사적 가치의 중요성을 한층 더 인정받고 있다.

해인사에 보관된 대장경은 고려시대에 만들어졌다고
하여 고려대장경高麗大藏經, 또 잘 알려져 있듯이 팔만대장
경八萬大藏經으로 불린다. 팔만대장경이란 명칭은 그 경판의
수가 8만여 매에 달하기 때문이다. 그리고 불교에서는 아
주 많은 것을 가리킬 때 '8만 4천'이라는 숫자를 사용하는
데, 그래서 끝없이 많은 부처님의 가르침을 '8만 4천 법문'
이라고 하는 것과 연관이 있다고 할 수 있다.

그런데 고려시대에는 오늘날 해인사에 전해지고 있는
대장경에 앞서 또 다른 대장경이 이미 제작·완성된 적이
있었다. 그렇기 때문에 이전의 대장경을 초조대장경初雕大

藏經이라고 부르고, 무신집권기인 고종대에 만들어진 것을
재조대장경再雕大藏經이라 불러 구분하기도 하다.

대장경이란 무엇인가?

대장경은 시대에 따라 삼장경三藏經 · 일체경─切經 · 장
경藏經이라고도 불렸는데, 대체로 경장經藏 · 율장律藏 · 논장
論藏의 삼장三藏으로 구성되어 있다. 삼장이란 원래 인도의
고대언어인 산스크리트어(梵語)로 '세 개의 광주리'라는 뜻
을 지닌 트리피타카Tripitaka를 한자로 번역한 것이었다. 삼
장은 경經(부처님의 가르침) · 율律(부처님이 정한 교단의 규칙) · 논論
(경과 율을 해석한 논설)이 담겨져 있는 '세 개의 광주리'를 의미
하는 것이었다. 이러한 의미를 지닌 삼장경 혹은 대장경은
곧 부처님의 설법과 그에 대한 해석 등을 모두 모은 불교경
전을 총칭하는 말이었다.

대장경이 처음 목판木板으로 제작된 것은 중국 송나라
때의 일이다. 송나라 태조 4년(971)에 착수되고 태종 8년(983)
에 완성되어 개보판대장경開寶版大藏經 혹은 북송관판대장
경北宋官版大藏經이라고 불리는 대장경이 그것이다.

이 대장경은 사신으로 송나라에 파견되었던 한언공韓彦

恭이 성종 10년(991)에 귀국할 때 가지고 돌아옴으로써 고려에 전래되었다. 또 현종 13년(1022)에 송나라로부터 보완된 개보판대장경이 한조韓祚에 의해 고려에 전래되었다고 알려져 있다. 이처럼 중국에서 수입된 대장경은 불교문화가 융성했던 고려에 자극을 주어 고려대장경을 제작하는 배경 가운데 하나가 되었다.

고려에서 대장경을 제작할 무렵, 고려는 거란의 침입으로 어려움을 겪고 있었다. 거란은 성종 12년(993)의 제1차 침입 이후 현종 원년(1010)에 재차 침입해 왔는데, 이듬해에는 개경이 함락되고 현종이 남방으로 피난을 가야 할 지경에 이르기도 했다. 국난에 직면한 고려는 이를 타개하는 방법의 하나로 부처님의 힘으로 외침을 물리치기 위해 마침내 대장경을 간행하게 되었던 것이다. 이처럼 고려에서 대장경을 간행하게 된 것은 중국으로부터 대장경이 수입된 데 따른 문화적 자극과 외침으로 말미암아 야기된 국난을 극복하려는 염원 속에서 이루어진 것이었다.

초조대장경의 제작

대장경은 현종대부터 만들기 시작해 현종이 재위하는

기간 동안에 이미 상당한 분량이 제작되었다. 뒷날 의천義
天의 기록에 따르면, 이 때 5천 축이라는 많은 수량의 대장
경이 제작되었다고 한다.

현종은 부모의 명복을 빌기 위해 현종 9년(1018)부터 12
년까지 현화사玄化寺를 창건하고, 대장경을 제작하는 대로
이 곳에 봉안하기도 했는데, 이러한 점 역시 대장경 제작을
촉진했을 것으로 생각된다. 그러나 현종대에 대장경이 완
성된 것은 아니었다. 이후에도 대장경 제작은 꾸준히 계속
되어, 덕종·정종을 거쳐 특히 문종대에 이르러 더욱 활발
하게 진행되었다.

한편 고려를 침입했던 거란에서도 대장경이 제작되었
는데, 개보판대장경보다 정교한 것으로 평가받고 있는 거
란대장경契丹大藏經은 문종 17년(1063)에 고려에 전래되었다.
이에 따라 고려에서는 거란대장경과 개보판대장경을 참고
하고 또 국내의 불교경전도 활용함으로써 더욱 충실한 대
장경을 제작할 수 있었다. 뒷날 고려대장경의 교정을 맡았
던 수기守其는 이 때 제작된 대장경을 국전본國前本과 국후
본國後本으로 구분했는데, 국전본이란 거란대장경이 전래
되기 전에 제작된 것을 가리키고, 국후본이란 그 이후의
것을 가리키는 것으로 생각된다.

대장경 제작은 계속되어 마침내 선종 4년(1087)에 이르
러 완성을 이루게 되었다. 현종대에 처음으로 제작을 시작

한 이래 70여 년에 걸친 장기간의 노력이 이뤄낸 결실이었다. 이 때 완성된 6천여 권에 달하는 대장경을 초조대장경初雕大藏經이라고 일컫는다.

초조대장경은 완성 직후 그 경판을 보관하는 건물인 대장전大藏殿이 흥왕사興王寺에 만들어져 그 곳에 보관되었고, 그 후 대구 부근의 부인사符仁寺로 옮겨지게 되었다. 그러나 이 초조대장경의 경판은 몽골의 침입으로 모두 불타 없어지고 말았다. 그래서 아쉽게도 초조대장경의 전체적인 모습은 살펴보기 어렵지만, 이 경판으로 간행한 불경의 일부가 국내 및 일본에 남아 있으므로 그 모습을 다소나마 엿볼 수 있다.

초조대장경은 중국과 거란의 대장경 및 국내경전을 모두 아우른, 당시로서는 동양에서 가장 포괄적인 내용을 수록한 것이었다. 이에 따라 오늘날 아주 드물게 전래되고 있는 개보판대장경과 거란대장경의 원래 모습과 특징까지도 살펴볼 수 있는 중요한 자료가 되기도 한다.

그리고 초조대장경은 처음에 개보판대장경을 토대로 제작하기 시작했지만, 그것을 그대로 수용한 것이 아니라 고려 나름대로의 독자성을 지니고 제작한 것이었다. 거란대장경은 물론 국내의 경전과 비교·대조하고 또 누락된 부분을 보충하는 등 고려의 뛰어난 불교문화와 대장경 제작기술이 어울려 만들어낸 문화유산이었다.

故聲界耳識界及耳觸耳觸為緣所
生諸受清淨聲界乃至耳觸為緣所
生諸受清淨故大空清淨何以故若
一切智清淨若聲界乃至耳觸為緣
無二分無別無斷故善現一切智
緣所生諸受清淨若大空清淨無二
清淨故鼻界清淨鼻界清淨故大空
清淨何以故若一切智清淨若鼻
界清淨若大空清淨無二無二分無
別無斷故一切智清淨故香界鼻
識界及鼻觸鼻觸為緣所生諸受清
淨香界乃至鼻觸為緣所生諸受清
淨故大空清淨何以故若一切智
清淨故大空清淨若香界乃至鼻觸
清淨若大空清淨無二無二分無
別無斷故

大般若波羅蜜多經卷第二百四十九

경남 합천 해인사에 보관되어 있는 고려대장경

고려대장경의 제작과 그 의의

　　고려의 대몽항쟁은 고종 18년(1231) 살례탑撒禮塔이 이끄
는 몽골군의 침입을 받으면서 시작되었다. 이로부터 몽골
군은 모두 여섯 번에 걸쳐 고려에 침입함으로써, 고려와
몽골 사이에는 약 30년에 걸친 전쟁이 벌어졌던 것이다.
고려정부는 장기간 대몽항전을 치르기 위해 강화도江華島
로 천도하는 한편 육지의 백성들로 하여금 산성山城과 해도
海島에 들어가 전쟁에 대비하도록 지시하기도 했다.

그러나 몽골군은 침입할 때마다 수년 동안 고려의 전국을 유린하고 돌아감으로써 전쟁 중에 고려가 입은 피해는 막대했다. 심할 때는 20만 명 이상이 포로가 되고, 죽은 사람의 수는 헤아릴 수 없을 정도로 많은 피해를 입었다.

몽골군의 침입으로 입은 고려의 결정적 피해 가운데 하나가 바로 고려 전기 불교문화의 커다란 문화유산인 초조대장경 경판이 모두 불타 없어진 일이었다. 초조대장경은 부인사에 소장되어 오다가 고종 19년(1232) 몽골군의 제2차 침입 때 불타 없어졌다.

고려는 얼마 지나지 않아 고종 23년(1236)에 새로이 대장경 제작에 착수하게 된다. 이 무렵 이규보李奎報가 쓴 「대장각판군신기고문大藏刻板君臣祈告文」, 즉 '대장경을 각판하면서 임금과 신하들이 기원하는 글' 속에는 대장경을 제작하는 목적과 배경이 잘 드러나 있다.

이에 따르면 몽골과 전쟁을 치르는 가운데 대장경을 다시 제작하게 된 것은 앞서 현종 때에 대장경을 제작하기 시작하자 거란군사가 스스로 물러간 적이 있었는데, 이처럼 이번에도 대장경을 제작함으로써 부처님의 도움을 받아 몽골군을 물러가게 하기 위해서라는 것이다.

이처럼 당시에 대장경을 제작하게 된 배경은 몽골의 침입에 따른 국난극복의 염원에서 비롯된 것이라고 할 수 있겠는데, 이 밖에도 다음과 같은 몇 가지 점을 제작배경으로 지적할 수 있다.

고려대장경 제작은 강화도로 천도한 고려정부가 국가적 사업으로 추진한 것이었지만, 실제로는 최씨 무신정권의 최고집권자였던 최우崔瑀의 주도 아래 착수·진행되었고, 또 그의 아들 최항崔沆이 집권하던 시기에 완성되었다. 최우와 최항 부자는 대장경 제작을 독려하는 한편 개인재산을 기부하여 대장경 제작을 돕고 있었다.

당시 최고집권자가 대장경 간행에 적극적인 노력을 하고 있었던 것은, 국난극복을 염원하는 본인들의 두터운 불심佛心 때문일 수도 있지만, 당시 정권이 처한 상황을 감안하면 그 이면에는 최씨 무신정권의 정치적 목적이 강했던 것으로 여겨진다.

대몽항쟁 과정에서 정부가 강화도로 옮겨간 가운데 육지에 남아 전쟁을 치르는 일반 백성들 사이에는 점차 불만이 고조되고 있었다. 이러한 일반 백성들의 불만을 대장경 판각을 통해 종교적인 신앙심으로 전환시키고, 또 이것을 구심점으로 삼아 일반 백성들의 단합을 꾀하여 대몽항쟁을 지속하면서 정권의 안정을 도모하려는 의도가 있었다고 생각된다.

그러나 대장경 제작은 무엇보다도 대몽항쟁을 겪으면서 일반 백성들 사이에 왕성하게 일어났던 민족의식 및 문화의식에 힘입어 지속될 수 있었다. 몽골의 침입에 맞서 고려에서는 대내적인 결속과 함께 민족의식이 고조되고 있었는데, 특히 고려인 스스로 문화민족이라는 긍지를 지니고 몽골을 야만시함으로써 대몽항쟁의 의지를 다질 수 있었다.

무신정권 시기에 농민·천민의 항쟁이 광범위하게 발생하던 상황임에도 불구하고, 장기간에 걸쳐 수많은 인력이 동원되어 대장경이 조성될 수 있었던 배경으로는 이러한 일반 백성들의 민족의식 및 문화의식이 고조된 것을 꼽을 수도 있다.

아울러 당시 불교계의 동향 역시 대장경 제작을 뒷받침하는 배경 가운데 하나였다. 이 시기 고려의 불교계는 지눌知訥의 활동에 힘입어 조계종曹溪宗이 확립되는 등 선종禪宗의 발전이 두드러지게 나타나고 있었다. 이러한 선종의 발전은 고려불교의 전반적인 수준을 향상시키는 작용을 하는 한편, 그 속에서 이전부터 있어 왔던 교종과 선종의 조화 내지 일치를 위한 노력이 크게 진전되어 나갔다.

특히 지눌은 선종 계열의 승려이면서도 선종과 교종을 함께 수행하도록 정혜쌍수定慧雙修를 강조함으로써, 당시에는 교종과 선종의 융합에 커다란 계기가 마련되고 있었다. 그런 가운데 대장경 제작은 교종과 선종의 구분을 떠난 불교계 전체의 일로서 추진되었던 것이다.

선종의 발전은 다른 한편으로 교종계열의 화엄종華嚴宗

에 커다란 자극을 주기도 했는데, 그것은 화엄종 내부에서 스스로의 전통을 모색하려는 노력으로 나타나게 되었던 것으로 생각된다. 화엄종 승려인 수기守其가 대장경 제작에 중요한 역할을 했던 것도 선종의 발전에 자극을 받은 당시 화엄종의 자구 노력의 하나였다고 볼 수 있다.

이렇게 해서 고종 23년(1236)에 착수된 대장경 사업은 그 이듬해부터 경판이 판각되어 나오기 시작하여 고종 34년에 이르러서 경판 제작이 일단락되었다. 그 뒤 정리과정을 거쳐 마침내 고종 38년(1251)에 대장경의 완성을 축하하는 의례가 강화성 서문 밖에 있던 대장경판당大藏經板堂에서 거행되었다. 고종 23년에 새로 제작에 착수한 이래 16년 만에 이룩한 대역사의 결실이었다.

이렇게 완성된 고려대장경은 각 권의 끝부분에 '○○세고려국(분사)대장도감봉칙조조○○歲高麗國(分司)大藏都監奉勅雕造'와 같이 경판의 제작 연도와 장소를 적은 간기가 표기되어 있다. 이를 통해 고려는 대장경을 제작하기 위한 기구로 대장도감大藏都監과 분사대장도감分司大藏都監을 설치하여 운영했던 사실을 알 수 있다.

대장도감은 대장경의 간행 및 관리업무를 주관한 기관이었을 것으로 보이는데, 당시의 수도였던 강화도에 설치되었을 가능성이 높지만 그 구체적인 내용은 관련자료의 부족으로 파악하기에 어려움이 있다. 대장경 간행을 위한 기구로 대장도감 이외에 분사대장도감이 설치되었던 것은 진주晉州 관내인 남해南海의 예를 통해 알 수 있다.

그러나 이 역시 진주 관내의 남해 한 곳에만 설치되어 있었는지, 아니면 전국의 각 지역에 설치되어 있었는지에 대해서는 연구자 사이에 의견의 차이가 있다.

고려대장경 경판은 처음에는 강화도에 보관되어 있다가 해인사로 옮겨져 지금까지 전해지고 있다. 그 과정은 대체로 처음에 강화성 서문 밖 대장경판당에 보관되었다가 같은 강화도 내의 선원사禪源寺로 옮겨지고, 그 뒤 조선시대 태조 7년(1398)을 전후한 시기에 서울의 지천사支天寺를 거쳐 해인사로 옮겨졌을 것으로 추정되고 있다.

오늘날 해인사에 보관중인 대장경은 고려 고종 때 만들어진 경판으로 거의 완전한 상태로 남아 있다. 그리고 그 가운데는 대장경의 편성목록인 대장목록大藏目錄에 기록되어 있는 정장正藏 또는 정판正板이라 불리는 불경 이외에, 부장副藏 또는 보판補板이라고 불리는 15종의 불경이 함께 전해지고 있다.

부장 가운데 일부는 조선시대 이후에 만들어진 것이며, 또 고려 때 만들어진 부장이라 하더라도 정장처럼 국가의 일관된 계획 아래 제작된 것 같지는 않다는 의견도 제시되고 있다.

그런 점에서 대장경의 전체 규모를 정확히 파악하는

데는 어려움이 있지만, 어쨌든 대체로 전체 1천5백여 종, 6천8백여 권의 불경을 8만 1천여 매의 경판에 수록한 고려대장경은 여러 가지 면에서 귀중한 우리 민족의 문화유산이다.

고려대장경은 무엇보다 우리나라를 비롯한 동양이 낳은 위대한 문화전통인 불교의 모든 것을 체계적으로 집대성한 뛰어난 대표적 전집이었다. 고려대장경이 그러한 위치를 차지하는 것은 개보판대장경을 비롯한 많은 대장경이 오늘날 제대로 남아 있지 않기 때문이지만, 무엇보다 고려대장경 자체가 지닌 우수성에서 그 까닭을 찾을 수 있다.

앞서 고려에서 제작된 초조대장경도 중국·거란의 대장경을 활용한 동시에 고려의 독자적인 노력이 더해져 제작된 여러 가지 면에서 훌륭한 것이었다.

이러한 초조대장경을 바탕으로 하면서도 새로운 내용을 추가하고 철저한 교정을 거쳐 완성된 재조대장경, 즉 고려대장경은 학술적으로도 가장 뛰어난 존재로 평가되고 있다. 만약 고려대장경에 수록되지 않았다면 내용은 물론 그 이름마저도 알 수 없었을 소중한 불경이 적지 않았다는 것은 고려대장경이 지닌 가치를 엿볼 수 있는 조그만 한 예가 된다.

고려대장경은 경판글자의 아름다움과 목판제작의 정교함이 뛰어나지만, 무엇보다도 수록된 경전의 내용이 정확하다는 점에서 그 가치가 높다. 고려는 대장경을 제작할 때 초조대장경을 비롯해 송과 거란의 대장경 및 각종 불경을 수집하여, 서로 면밀히 비교·참조함으로써 오류와 누락 등을 철저히 교정해 나갔다.

이것은 대장경 교정의 총책임을 맡은 개태사의 승려 수기守其가 구체적인 내용을 정리하여 고려대장경에 포함시킨 『고려국신조대장교정별록高麗國新雕大藏校正別錄』이 30권이나 되는 점을 통해서도 쉽게 알 수 있다. 내용의 풍부함과 정확성이야말로 실로 고려대장경의 으뜸가는 장점인 것이다.

아울러 고려대장경이 지닌 중요한 가치 가운데 하나는, 대장경 자체가 제작될 당시의 사회상을 알려주는 귀중한 자료이기도 하다는 점이다. 경판에는 제작과 관련된 수많은 사람들의 이름이 실려 있다. 그렇기 때문에 경판 제작과정에 참여한 사람들에 대한 분석을 통해 당시 사회의 여러 가지 모습을 알 수 있기도 하다.

이처럼 고려대장경은 문화유산은 물론이고 당시 사회를 연구하기 위한 학술적 자료로서도 중요한데, 무신정권당시의 연구를 위한 자료로 활발히 이용되고 있는 추세이다.

이정호

불교개혁의 표본, 결사운동

불교개혁을 요구한 고려사회

[명종 7년 2월] 경진일에 망이[亡伊] 등이 다시 반란을 일으켜 가야사[伽倻寺]를 침략했다. 3월 신해일에 망이 등이 홍경원[弘慶院]을 불지르고 그 곳에 살고 있는 승려 10여 명을 죽이고는, 주지승을 협박하여 그들의 편지를 가지고 서울로 가게 했다.

위의 기록은 무신정권 초기 공주 명학소에서 봉기한 소민[所民]들의 행적이다. 그들은 반란을 일으키고 관아를 공격함과 더불어 사원을 침탈했는데, 이는 비단 공주지방만의 사건은 아니었다. 경상도 운문[淸道]·초전[密陽] 등지에서 농민들이 봉기했을 때도 똑같은 모습이 재현되었다. 고려는 태조 때부터 불교를 국교로 삼고 온 나라 백성들이 부처님을 받들었는데, 왜 이와 같은 현상이 일어났을까? 왜 사원은 농민에게 적대의 대상이 되었을까?

일찍이 태조는 훈요10조를 통해 고려의 건국이 부처님의 호위로 이루어진 것을 강조하여 많은 사원을 건립하면서도 개인적으로 사찰을 짓는 것은 금지했다. 태조는 사찰의 난립과 비대화를 우려했다고 생각되는데, 그의 의도대로 이행되지는 못했던 것 같다.

역대 국왕과 귀족들은 개인사찰을 설치함으로써 불교는 민중과 유리되어 귀족불교로 변질되어 갔다. 이는 주로 교종 사원을 중심으로 이루어졌는데, 예컨대 법상종은 인주 이씨 세력, 화엄종은 왕실과 인주 이씨 반대세력의 사원으로 고착화되면서 백성들의 정신적 안식처로서의 기능은 나 몰라라 했다.

문벌귀족과 결탁한 불교세력이 당시 불교계를 장악했던 문종 때, 의천은 천태종을 받아들여 교선융합과 왕권강화의 계기를 마련하고자 했다. 그러나 의천의 개혁은 본질적으로 문벌귀족과 동일한 기반에서 출발했으므로 당시 사회와 불교계에 대한 전반적인 개혁을 시도할 수는 없었다. 즉 귀족의 원당願堂이자 재산도피와 정권다툼의 수단으로 이용되었던 사원과 불교에 대해 사회·경제적 모순을 극복하기 위한 새로운 방안을 제시하지 못함으로써 귀족불교를 끌어내려 대중화하는 단계에 이르지 못했다.

의천의 불교통합 노력은 문종대 이후 일시적으로 강화된 왕권을 바탕으로 전개되었으나, 그가 죽은 뒤 문벌체제가 강화되는 추세에 따라 각 종파의 분립·대립 현상은 더욱 가속화되었다. 이에 따라 사원은 왕실과 귀족들의 시납施納·기진寄進으로 사원전이 불어남으로써 막대한 부를 소유하고 있었다. 사원은 그들의 부를 토대로 쌀·마늘·파·술 등의 생산 판매에도 만족하지 못하고 불보佛寶라는 식리息利사업과 고리대업까지 벌였으니, 불법과 비리에 돈맛을 본 승려들이 타락하게 된 것은 자명한 사실이었다.

무신정권이 성립된 이후 뒤이어 곳곳에서 농민항쟁이 일어났는데, 반정부를 내세운 농민들은 탐학한 지방관을 처단하고 사원을 불 지르고 승려들을 죽였다. 농민들에게 사원은 더 이상 신성한 믿음의 성지聖地가 아니라 그들을 수탈하는 탐오한 지주로밖에 여겨지지 않았다.

이러한 분위기를 자각한 일부 승려들은 자기반성을 이끌어냈다. 그리하여 사찰을 백성의 것으로 환원하고 승려들을 정화하기 위한 지눌의 '수선사 결사운동'과 요세의 '백련사 결사운동'이 일어나게 되었던 것이다.

지눌과 수선사 결사운동

고려 후기에 불교계를 쇄신하기 위한 결사운동으로는

수선사修禪社결사운동과 백련사白蓮社결사운동이 있었다. 이들 양대 결사는 기존 개경중심 불교계의 타락과 모순에 대한 비판운동이었다.

수선사는 지눌知訥이 1182년(명종 12) 정월 그의 나이 24세 때 개경 보제사에서 열린 담선법회에 참여했다가 당시 승려들의 타락상을 보고 신랄하게 비판하면서 동지 10여 명과 함께 산림에 은거하여 결사結社를 맺을 것을 약속하면서 출발했다. 그는 공산大邱 팔공산 거조사居祖社에서 정혜결사를 만들고 권수정혜결사문勸修定慧結社文을 작성하여 전국에 배포함으로써 큰 호응을 받았다. 그 내용은 다음과 같다.

우리들이 조석으로 행한 자취를 돌이켜보건대, 불법을 빙자하여 나를 꾸미고 이로운 길만 찾는다. 또한 속세에 빠져 도덕은 닦지 않고 옷과 밥만을 허비하니 비록 다시 출가한들 무슨 공덕이 있겠는가.

지눌의 정혜결사는 세속적으로 변질된 교단의 부패상을 비판하고 부정하면서 정치권력과 기존의 교단으로부터 독립해서 돈오점수頓悟漸修・정혜쌍수定慧雙修에 근거한 신앙결사를 형성하여 함께 수행하고, 그 공덕을 일반 대중에게 돌림으로써 사회를 정화하려고 한 불교개혁운동이었다. 지눌이 주장한 수행론의 요체는 돈오점수이다.

돈오점수는 자신의 본마음인 진심, 즉 불성을 단번에

깨달은 후에 이를 계속 유지하기 위해서는 점차적으로 마음의 번뇌를 제거해 가는 수행노력이 뒤따라야 한다는 것이다. 돈오란 부처의 성품을 지닌 자신의 본래 면목을 모르고 번뇌와 망상 가운데 번민하고 방황하던 범부凡夫가 선지식善知識의 깨우침을 받아 꿈에서 깨어나듯 자신의 본성을 자각하는 체험이다.

그러나 번뇌가 끝내 실체가 없고 공空한 것임을 돈오를 통해 깨달았다 하더라도 우리 마음에는 깨닫기 이전에 오랫동안 쌓여온 번뇌의 장벽이 너무 두터워 한순간의 깨달음으로는 완전한 해탈을 이룰 수 없다. 따라서 깨달음을 얻은 뒤에도 여전히 자신의 마음을 괴롭히는 온갖 번뇌를 퇴치하기 위해서는 오랜 점진적 수행이 뒤따라야 한다는 것이다.

그는 돈오점수 이외에 특수한 수행문을 별도로 설정했는데 이를 경절문徑截門이라 한다. 이는 점수의 오랜 수행과정을 밟지 않고도 부처의 깨달음을 실현할 수 있는 지름길로서, 화두를 붙잡고 명상하는 간화선看話禪을 말한다. 또한 그는 부처가 입으로 전한 것은 교敎요, 마음으로 전한 것은 선禪이라 하여, 선을 주축으로 한 교를 수용하는 자세로 선교대립의 문제를 해결하고자 했다.

수선사의 2대 사주인 혜심慧諶은 불교의 궁극적 세계관을 선사상에서 찾았다. 그리고 그는 대다수 민중들이 정토신앙을 선호함을 인식하고, 이를 수용하는 불교관을 표방함으로써 참담한 현실 속에 피폐하고 내세를 갈구하던 농민들의 광범위한 지지를 얻게 되었다.

지눌은 밝고 고요한 본성 가운데서 정토에 태어나기를 구하는 사람은 선정禪定과 지혜의 공덕이 있기 때문에 부처〔아미타불〕의 깨달은 경지에 부합되는 것이라 했다. 하지만 저 정토만을 바라보며 단지 부처의 이름만 부르고 왕생하기를 바라는, 즉 상相에 집착하여 마음 밖에서 부처를 구하는 타력적他力的 정토신앙은 부정했다.

이 점은 백련사의 요세了世가 정토구생 참회멸죄淨土求生懺悔滅罪에 전념했던 입장과는 상당히 다르다. 지눌은 최소한의 문자 해독력 정도는 갖고 스스로 발심發心할 수 있는 식자층을 전제로 하고 있었지만, 요세는 죄악의 업장이 깊고 두터워 자력으로는 도저히 해결할 수 없는 나약한 범부를 대상으로 했으므로 농민들은 백련사를 더욱 선호했다고 보인다.

수선사와 최씨정권의 밀착

수선사 2대 교주 혜심은 전남 화순현의 향리층 출신으

로서 시호는 진각眞覺국사였다. 그는 1201년(신종 4) 24세에 사마시司馬試에 합격한 유학자로서, 1205년(희종 원년) 지눌로부터 선문답으로 인가를 받아 그의 불교사상을 계승했다.

혜심이 수선사 제2대 사주社主가 되자 국왕을 비롯한 중앙의 권력층은 신흥 불교세력을 대표하면서 부상하던 수선사를 포섭하고자 관심과 후원을 보내기 시작했다. 강종은 수선사의 증축을 명했으며, 특히 고종은 혜심에게 대선사를 제수했다.

고려시대 승려들은 제도적으로 왕자나 소군小君을 제외하고는 승과를 거쳐야만 승계를 받을 수 있었으나, 혜심은 이러한 승정체계를 따르지 않고 파격적인 대우를 받았던 것이다.

이에 부응하여 혜심도 수선사에 입사한 강종을 비롯한 왕실과 최우를 중심으로 한 무신세력 및 최홍윤崔洪胤 등의 유학자 관료에게 각각 위치와 상황에 맞게 법요를 설하고 다양한 화두를 내려주면서 지도했다. 특히 최우에게는 그의 정치적 교화를 칭송하며 상근인上根人이라 치켜세웠다.

그는 전쟁 종식을 기원하는 진병의식鎭兵儀式을 자주 행하여 거란 유종遺種과 몽골의 침입에 대해 수선사가 정신적 구심체로서 국가 체제유지에 일정한 역할을 하도록 했다. 그러나 이것은 결사이념에서 경계한 정치권력과의 밀착을 예고하는 것으로 수선사가 정치권력에 종속하는 전주곡이 되고 말았다.

혜심사상의 특징은 간화선의 선양과 유불일치의 주장
에 있다. 혜심은 『기세계경起世界經』에서 "나는 두 성인을
중국에 보내어 교화를 행하리라 했는데, 한 사람은 노자로
서 가섭보살이며 또 한 사람은 공자로서 유동儒童보살이다"
라는 부처님의 말씀을 인용하여, 유교와 도교는 모두 불법
에서 기원한 것이므로 방편은 다르나 진실은 같다고 했다.
이러한 불교측의 '유불일치론'은 유자층에 영향을 주어 유
불의 교류를 활발하게 했으며, 고려 후기 주자성리학 도입
의 사상적 배경이 되었다.

요세와 백련사 결사운동

결사란 뜻을 같이하는 승도들이 자기의 신앙에 대한
수행을 위해 맺은 단체이다. 중국에서는 4세기 말에 동진東
晉의 혜원慧遠이 중심이 되어 백련사가 결성된 것이 그 시초
인데, 우리나라에도 삼국시대부터 나타나고 있다. 그러나
본격적인 결사는 고려 후기의 수선사·백련사 결사운동에
서 볼 수 있는데, 불교가 당시 사회에서 기능을 수행할 수
없는 한계에 이른 자기 모습을 인식하고 이를 개혁하려는

의도에서 출발한 자각·반성운동이었다.

백련사 결사운동은 요세로부터 시작되었다. 원묘圓妙
국사 요세의 속성은 서씨로 1163년(의종 17)에 합천지방 토
호의 자제로서 태어났다. 1174년(명종 4) 때 천태종 승려로
입문하여 천태교관天台教觀을 수학했으며, 1185년(23세)에 승
과에 합격했다. 1198년(신종 원년, 36세) 봄 천태종 사찰인 개
경의 고봉사 법회 때, 그 분위기에 크게 실망하여 신앙결사
에 뜻을 두고 명산을 유람했다.

그 과정에서 지눌과도 연결이 되었으나, 그는 1208년(희
종 4, 46세) 봄에 영암의 월출산 약사난아藥師蘭若에서 홀연히
깨달아 "만약 천태묘해天台妙解를 의지하지 않는다면 영명
연수永明延壽가 지적한 120병病을 어떻게 벗어날 수 있겠는
가" 하여 수선修禪에서 천태교관으로 방향을 전환하여 실
천행으로서 수참修懺을 강조했다.

그는 1216년(고종 3) 약사암에서 만덕산萬德山으로 옮겨
본격적으로 백련결사를 결성했다. 그 뒤 고종 19년 4월 8일
에 공식적으로 보현도량을 설치하고, 23년에는 제자인 천
책天頙으로 하여금 백련결사문을 찬술토록 했다. 요세가 표
방한 불교관은 법화경에 입각하여 법화삼매法華三昧·구생
정토求生淨土·법화참법法華懺法을 골격으로 하고 있다.

그는 방장方丈고승들의 처소에서 오직 삼의三衣와 일발一鉢
로써 생활했으며 세상의 일을 함부로 말하지 않았고, 개경

의 땅을 밟지도 않았다. 또 평소에 방석없이 앉으며 거처하는 곳에는 등불도 밝히지 않고, 시주들이 가져온 보시를 빈궁한 사람들에게 골고루 나누어줌으로써 수행인으로서 모범적인 생활태도를 유지했다고 한다.

백련결사는 기존의 불교계에 대해 자각과 반성을 촉구하면서 등장한 신앙운동이었다. 이 같은 백련사 결성에 경제적으로 지원한 단월檀越(시주하는 사람)들은 지방의 토호와 식자층 그리고 강진을 중심으로 한 인근의 지방수령과 일반민들이었다.

그런데 백련사는 대몽항전을 내세워 개설한 보현도량을 계기로 집권자 최이와 밀착된 중앙관직자 및 많은 문신 관료층의 적극적인 지원과 관심을 받음으로써 세력이 점차 커지게 되었다.

결사운동의 의의

수선사 및 백련사 결사운동은 12세기 이래로 보수적인 문벌귀족체제가 해체되면서 한편으로는 성장기반을 서서히 구축해 가던 지방의 토호층, 식자층 및 일반민들의 잠재적 에너지가 폭발하여 구축된 신불교운동이었다. 이것은 사회적 측면에서 볼 때, 소수의 문벌귀족체제가 장악하고 있던 불교계의 제반 모순을 지방토호와 지식층이 자각·비판하고, 이에 대한 개혁을 시도했다는·데 역사적 의의가 있다.

다음으로 사상사적 측면에서 볼 때, 지도자들이 표방하고 있는 이념적 지표는 다소 차이가 있을지라도 결사운동 자체는 수행과 교화의 어느 한 측면도 소홀히 하지 않았다. 수행은 출가인의 본분이지만 교화에는 자기가 몸담고 있는 사회의 모순과 갈등을 풀어갈 수 있는 실마리를 제공하는 실천적 의미가 있기 때문이다.

그리고 신앙결사를 운동적 차원에서 인식하다 보면 철학면(교리면)의 발전은 경시하기 쉬운데, 당시 수선사와 백련사를 주도한 인물들의 불교철학은 당대 최고였다. 즉 지눌과 요세 등 결사운동의 주체자들은 13세기 동아시아의 불안정한 정세 속에서 가장 선진적인 불교사상을 표방한 인물들이었다.

수선사(송광사)의 재산은 어느 정도였나?

고려시대의 불교는 국가의 이데올로기를 대표했을 뿐

아니라 전체 고려민의 신앙의 대상이었으므로 정신적으로 그 사회를 지배했을 뿐 아니라 경제적으로도 거대한 위력을 발휘했다. 사원경제는 토지·노비·상공업·고리대 등 여러 방면에서 발달했는데, 그 대표적인 것이 토지였다. 한 예로 『통도사사적약록通度寺事蹟略錄』을 보면, 14세기 초엽 전후의 통도사는 12개의 장생표에 둘러싸인 둘레 4만 7천 보步 정도의 광대한 사령寺領을 지배하고 있었다. 이는 국왕의 시납施納과 민간의 기진寄進이 있었기에 가능한 일이라고 생각된다. 국왕이 사원에 전토를 시납한 구체적인 사례로는 태조가 운문사에 토지 5백 결結, 경종이 보원사에 토지 1천 경頃 그리고 성종이 1천5십 결의 토지를 장안사에 내렸던 기록이 보인다.

이런 사례는 고려 후기에도 이어져 청렴과 수행을 강조한 수선사도 최씨정권의 후원을 받아 점차 토지가 늘어났다. 초기에 지방의 향리층과 일반민의 후원으로 유지되던 수선사는 혜심대에 이르러 후원세력이 중앙의 정치권력층으로 옮겨가면서 사원재정이 크게 확대되었다. 그러한 당시의 재정규모는 『수선사사원현황기修禪社寺院現況記』와 『상주보기常住寶記』를 통해 짐작할 수 있다.

수선사의 토지확대 경로는 이전 길상사 때 보유한 재산과 1205년(희종 1) 최충헌이 수선사 사액을 내렸을 때 토지가 지급되었을 가능성 그리고 인근 임야와 산택山澤의 개간 등으로 추정할 수 있으나 자세한 내용은 알 수 없다. 그런데 『수선사사원현황기』에 따르면, 최이崔怡·노인수盧仁綏·김중구金仲龜·서돈경徐敦敬 등 당시 무신정권의 핵심적인 인사들이 토지를 시납했다고 한다.

사원이 소유한 농지는 국가에 조세를 납부하는 것이 원칙이지만 사액사원賜額寺院이므로 면제되었으리라 추정되는데, 그 토지는 전국 각지에 흩어져 있었다. 수선사가 1년 동안 거두어들인 총수입은 1천9백 석 정도로 추정되며, 그 밖에 시지柴地·염전 등도 소유하고 있었다.

또 『상주보기』에 따르면, 수선사는 1만 1백 석의 모곡을 자본으로 고리대 사업을 했다. 고리대는 전남 일대에 산재한 11개의 말사末寺에서 나누어 운영했는데, 그들이 관장하여 1년에 거두어들이는 이자가 무려 3천366석에 달했다고 한다.

수선사는 많은 농지와 식리곡을 운영하는 농장주였다. 이러한 농장경영의 배후에는 최씨정권의 후원이 있었다. 수선사는 이제 정치권력에 예속되어 결사이념과는 먼 길로 나가면서 농민층과 유리되었다.

이러한 양상은 최우가 몽골에 적극적으로 항쟁할 것을 주장하는 백련사를 지원하면서 변했지만, 토지소유 관계는 크게 달라졌으리라 보이지 않는다. 이는 비단 수선사뿐만 아니라 원 간섭기에 크게 부상한 백련사 및 대다수 사찰이 수탈성을 내재한 지주의 성격을 가지고 있었기 때문으로 생각된다.

원 간섭기에 부원배附元輩와 밀착하여 막대한 부를 소유했던 불교계는 원 간섭기를 벗어나 고려 말기에 이르러서도 스스로 자기 모순을 치유할 수 있는 자정自淨능력을 키우지 못해 부패했다. 결국 사원과 불교계는 농민과 성리학자로부터 비난의 대상으로 전락함으로써 고려 말기에 가서는 사상계의 주도권을 성리학에 넘겨주게 되었다.

이정신

교종과 선종의 대립과 융합

다양성과 회통

　종교 가운데 불교처럼 많은 경전, 이를테면 『팔만대장
경』으로 상징되는 경전을 가지고 있는 경우는 드물다. 수
많은 경전을 가지고 있다는 것은 불교가 그만큼 다양한 사
상을 가지고 있다는 말과 같다. 특히 대승불교가 널리 퍼지
면서 불교의 사상적 다양성이 확대되었고, 그 결과 다양한
종파불교의 시대를 맞이하게 된다. 그런데 사상적 경향성
이 각기 다른 종파불교의 전개에 따라 필연적으로 대두되
는 문제는 종파간 갈등이다.

　종파불교가 발전할수록 현실적으로 다가온 문제가 종
파간 또는 학파간 갈등과 대립을 어떻게 해소할 수 있느냐
는 것이었다. 물론 종파간, 학파간에 나타나는 차이를 부정
적 시각으로 볼 필요는 없다. 차이는 다양성을 낳고, 다양

성이 넓을수록 운신의 폭이 넓어지기 때문이다.

그러나 위정자의 입장에서는 이러한 차이를 조정할 필요성이 대두된다. 특히 통일국가를 이룰수록 지나친 사상적 다양성은 정치권력의 안정에 저해요소로 작용할 가능성이 있다고 보기 때문이다. 즉 정치권력의 안정을 위해서 지나친 사상적 갈등은 조정할 필요가 있는 것이다.

신라의 삼국통일 시기에 원효가 등장했던 것도 이와 같은 맥락에서 보아야 한다. 원효의 과제는 중관사상中觀思想과 유식사상唯識思想의 갈등을 회통하는 것이었다. 『대승기신론소大乘起信論疏』를 주축으로 한 원효의 회통작업은 신라의 통일 이후 정치권력의 안정을 뒷받침해 주는 사상적인 작업이었다.

균여의 성상융회

후삼국을 통일하고 고려가 등장하면서 역시 사상적인 정리가 요청되었다. 고려가 체제안정기에 접어들 무렵인 광종대에 활동한 균여(923~973)의 작업이 바로 그것이다. 균여는 화엄사상華嚴思想을 바탕으로 사상적인 갈등을 해소하려고 시도했다.

화엄사상은 대승불교의 총집대성이라고 볼 수 있을 만큼 수용적이고 포용적인 성격을 지녔다. 흔히 중앙집권적 정치체제의 수립에 가장 알맞은 불교사상은 화엄사상이라고 일컬어진다. 불교사상사에서 살펴보면, 체제가 안정되는 시기가 다가오면 다른 불교사상보다는 화엄사상이 정치권력으로부터 주목을 받곤 했다.

　　화엄사상 가운데 중앙집권적 체제의 안정에 도움을 주는 대목은 '일즉다 다즉일一卽多 多卽一'이라고 볼 수 있다. 물론 이는 광대한 화엄사상을 아주 좁혀서 볼 때 그렇다는 이야기이다. 부분은 곧 전체이고, 전체는 곧 부분이라는 주장이다. 이를 잘 설명해 주는 예가 동전이다. 백 원짜리 동전을 열 개 쌓아놓으면 천 원이 되는 이치와 같다. 백 원짜리 동전은 각기 하나하나이지만 같이 쌓아 놓으면 한 덩어리가 된다. 이는 열 개이면서도 동시에 하나가 되는 이치를 설명해 주고 있다.

　　이 논리의 밑바탕에는 중관사상이 깔려 있음을 주목해야 한다. 중관사상은 공사상空思想으로서, 인간과 세계를 구성하는 어떤 요소에도 실체성實體性; reality이 없다는 주장이다. 그것이 무아사상無我思想이다. 실체가 없는데 어떻게 하나가 존재할 수 있고, 열 개가 존재할 수 있겠는가. 무아이기 때문에 부분과 전체는 서로 회통할 수 있다고 본다.

　　그러나 균여가 화엄사상에서 회통을 주장한 논거는 이

와 같은 '일즉다 다즉일'이 아니었다. 균여가 주목한 논리는 성상융회性相融會였다. 성상융회는 성과 상을 회통하자는 데 주안점이 있었다. 그렇다면 성은 무엇이고, 상은 무엇인가? 성은 본체를 가리키고, 상은 현상을 가리킨다. 이는 한자문화권의 체용體用논리로 보면 성은 체이고, 상은 용으로 볼 수도 있다. 성상융회의 문자적 의미는 본체와 현상이 둘이 아니라는 의미로 해석된다.

이를 원효가 주석한 『대승기신론소』에서 놓고 보자면, 진여眞如와 생멸生滅이 둘이 아니라는 이야기와 궤를 같이한다. 이데아의 세계인 진여는 성에 해당되고, 현실세계인 생멸은 상에 해당된다. 균여의 성상융회는 원효의 회통논리와도 그리 다른 것이 아니라고 볼 수 있다.

그러나 성상융회가 지닌 문자적 의미를 떠나서 그것이 가리키는 종파적 의미를 유념해 보아야 한다. 성은 화엄종을 가리키고, 상은 법상종을 지칭한다. 따라서 성상융회가 시도했던 바는 고려 초기의 화엄종과 법상종의 대립을 융화하기 위한 사상적 노력이 되는 셈이다.

그렇다면 여기에서 화엄종과 선종의 대립은 없었던가 하는 또 하나의 의문을 제기해 볼 수 있다. 왜냐하면 나말여초의 전환기에 지방 호족세력의 지지를 받았던 종파는 다름 아닌 선종이기 때문이다. 지지기반으로만 따져볼 때는 중앙집권적인 화엄종과 대립적인 위치에 놓여 있는 종파는 선종이라고 보아야 한다.

그런데 광종대에 왕권이 확립되면서 중앙집권을 강화하기 위해서는 당연히 지방 호족세력에 기반을 두고 있는 선종이 융회의 대상이 되어야 함에도 불구하고, 법상종이 융회의 대상이 되었던 것이다. 그 이유는 화엄종과 선종 사이에는 사상적인 긴장이 애초에 존재하지 않기 때문이다.

선종은 애당초 불립문자不立文字를 내세우기 때문에 사상적인 부분을 가지고 논쟁한다는 것이 어울리지 않는데다가, 선종에서 추구하는 세계관 자체가 화엄과 궤를 같이 한다고 볼 수 있다. 즉 화엄이 지닌 상즉사상相卽思想은 선사禪師들이 추구하는 이상적인 경지이기도 하다. 적어도 사상적인 부분에서는 화엄과 선은 상충되지 않는다. 문제가 된다면 현실적인 부분일 것이다. 즉 화엄종과 선종의 현실적인 이해부분이 상충될 때는 대립할 소지가 있다. 적어도 균여가 활동했던 고려 초기에는 화엄종과 선종 사이에 현실적인 대립은 없었던 것 같다.

법상종과 주변부

법상종法相宗은 어떤 종파인가? 대승불교의 2대 조류 가운데 하나인 유식사상唯識思想에 기반을 둔 종파이다. 유식은 모든 현상을 식識이 투사된 것으로 본다. 즉 영화의 스크린이 현상세계라면, 그 영화 스크린을 가능하게 만드는 근본적인 장치는 인간 내면의 의식으로 보는 것이다. 문제는 '식'이다. 식의 투사에 의해서 세계가 형성되었고, 이 세계는 근본적으로는 환상이라고 본다. 유식에서는 이 세계가 식의 투사에 의한 환상이라는 사실을 설명하기 위해서 인간이 사물을 인식하는 과정을 정교하게 분석하고 있다.

유식은 현상세계를 분석하는 데 치중하는 경향이 있다. 즉 성性[본체]보다는 상相[현상]의 세계에 집중한다. 그 이유는 현상을 분석해서 본체의 세계로 들어가자는 의도이기 때문이다. 본체를 해결하면 현상이 저절로 해결된다는 노선이 화엄종과 같은 성종性宗의 입장이라고 한다면, 법상종과 같은 상종相宗은 현상의 해결을 통해서 본체를 해결하려는 노선이다. 궁극의 목표는 같지만 방법론상의 차이가 있을 뿐이다.

또 법상종은 사상적으로는 유식에 기반을 두고 있지만, 신앙적으로는 미륵불에 기반을 두고 있다. 유식에 관한 모든 교설은 미륵으로부터 유래한 것이라고 보기 때문에 미륵불을 모신다. 한국불교사에서 미륵신앙은 독특하다. 중심부가 아닌 주변부에 관련사찰이 분포되어 있는 점을 주목해야 한다. 주변부에 근거지를 둔 미륵신앙은 역사적 변혁기마다 정치적인 힘을 발휘했다.

미륵은 메시아이자 새 시대의 희망을 담고 있는 부처였으므로 민중들을 운집시키는 힘을 지니고 있었다. 종교적인 신앙으로 인해서 민중이 운집되면, 그 다음부터는 정치적인 힘을 가지게 된다.

특히 한국의 미륵신앙은 후백제 출신의 진표眞表율사에 의해 대중적으로 전파되었다. 진표는 한국 미륵신앙의 원조인 것이다. 이는 중심부가 아닌 주변부의 지지를 받아 성립된 신앙이 미륵신앙이라는 것을 의미한다. 예를 들어 진표가 거쳐감으로써 미륵신앙의 중심이 된 사찰들을 살펴보면 변산邊山의 불사의방不思義方, 김제 금산사, 속리산 법주사, 금강산 발연사鉢淵寺를 꼽을 수 있다.

이러한 미륵신앙 관련사찰은 진표가 활동할 당시에는 경주의 변방에 위치한 사찰이었다. 후백제 출신인 진표의 지지세력이 주변부 민중이었음을 암시하는 증거이다. 주변부 민중들은 역사적 변혁기에 체제에 대한 저항세력으로 결집되었고, 그 반체제의 중심에는 미륵이 자리잡고 있었던 사실을 한국불교사에서 발견할 수 있다. 그러므로 미륵신앙은 왕권강화 차원에서 보자면 특별관리 대상으로 볼 수 있다.

여기서 한 가지 짚고 넘어갈 부분은 한국불교사에서

미륵신앙은 법상종의 정교한 사상체계로 인해서 세력을 확대한 것이 아니라, 대부분 진표 이래로 민중들에게 뿌리 내린 미륵신앙으로 그 맥이 내려왔다는 점이다. 진표 이래로 법상종은 다분히 민중적이고 신앙적이며 변혁적인 성격을 지니고 있었다.

왕실에서는 당연히 이러한 미륵신앙을 예의주시할 필요가 있었고, 융섭할 필요가 있는 것이다. 이렇게 놓고 본다면 성상융회는 중심부인 화엄종에서 주변부인 법상종을 융화하기 위한 사상적 시도라는 해석이 가능하다.

의천과 지관겸수

균여의 성상융회에 이어서 불교계의 회통을 시도한 인물은 대각국사 의천義天(1055~1101)이었다. 불교계의 대립과 갈등을 조정하기 위해서는 두 가지 요소를 겸비해야 하는데, 하나는 현실적인 힘이고, 다른 하나는 사상적인 회통원리이다.

의천은 이 두 가지 요소를 모두 갖추고 있었다. 첫째, 왕자의 신분이었으므로 현실적인 권력이 있었다. 한국의 역대 고승 가운데 가장 현실적인 힘을 가지고 있었던 인물이 의천이라고 해도 과언이 아니다. 둘째, 사상적인 원리를 천태종天台宗에서 찾았다.

의천이 활동할 당시에 문제가 되었던 부분은 화엄종과 선종의 갈등이었다. 이 둘을 어떻게 회통할 것인가가 의천의 문제의식이었다. 화엄과 선은 앞에서 언급한 바와 같이 사상적인 공통분모를 지니고 있어서 사상적인 갈등은 존재할 수 없었다.

그렇다면 무엇이 문제였는가? 이론과 실천이라는 부분에서 양자가 차이를 보였던 것이다. 화엄이 이론 쪽을 좀더 강조하는 경향이 있다면, 선종은 실천을 상대적으로 강조하는 경향이 있었다. 이론없는 실천은 사상누각이고, 실천없는 이론은 공허한 법이다. 양자는 상호보완적이어야 한다. 의천은 화엄과 선이 상호보완적으로 만날 수 있는 사상적 틀을 천태종에서 발견했던 것이다.

그 원리는 무엇이었는가? 그 원리는 두 가지 부분으로 압축할 수 있다. 첫째는 일심삼관一心三觀의 사상이다. 천태종에서는 진리를 파악하는 방법으로 세 가지 관법觀法을 제시한다. 공관空觀·가관假觀·중관中觀으로 일컬어지는 3관이 그것이다. 공관이란 사물에 실체我가 없다고 보는 관점이다. 즉 무아사상無我思想이 깔려 있다.

가관이란 현상세계 전체를 환상으로 보는 관점이다. 마치 영화의 스크린처럼 보는 것이다. 눈에 보이기는 보이지만 가짜로 보아야 한다는 것이 가관의 핵심이다. 이는 유식사상의 요체이기도 하다.

마지막에는 이 양자를 변증법적으로 통합하는 중관의 단계에 접어들어야 한다고 본다. 천태에서 제시하는 삼관에는 대승불교의 양대 조류인 중관사상과 유식사상을 회통·종합하려는 시도가 함축되어 있다. 의천은 바로 이러한 측면에 주목했을 가능성이 있다.

일심삼관이 지닌 또 하나의 장점은 회삼귀일會三歸─의 원리가 내포되어 있다는 점이다. 일심이 곧 삼관이기도 하지만, 이는 역으로 삼관이 곧 하나라는 논리도 성립된다. 회삼귀일은 통합의 논리로 활용하기에 안성맞춤이다. 이는 원래 『법화경』의 사상이었는데, 왕건의 후삼국 통일을 뒷받침하는 불교적 원리로도 사용된 바 있다. 아무튼 의천은 천태종에 내포되어 있는 회삼귀일에서 화엄종과 선종의 통합원리를 발견했을 가능성이 높다.

화엄과 선을 통합하는 또 하나의 원리적 근거는 지관법止觀法이다. 천태종의 수행체계가 바로 지관이다. 이는 지와 관을 겸수해야 한다는 의지가 담겨 있다.

'지止'는 무엇인가. 이는 호흡의 훈련을 통하여 의식을 한군데로 묶는 수행을 말한다. 다시 말하면 호흡을 통하여 의식집중을 강화하는 수행법이다. 한군데로 집중하는 경향이 있으므로 '지'라는 명칭을 붙였다.

'관觀'은 무엇인가. '관'은 현상세계를 관찰·분석한다는 뜻이 내포되어 있다. '지'가 내면의 의식세계로 침잠하는 방향이라면, '관'은 외부의 현상을 관찰하는 방향이다. 방향이 다르다. 따라서 '관'을 보충하기 위해서는 사색도 하고 경전도 읽어야 한다. 지관을 종합하면 호흡을 통해서 의식을 집중하는 훈련도 하고, 사물과 현상을 치밀하게 분석하는 과정을 통해서 지혜를 얻자는 것이다. 지관겸수止觀兼修는 결국 이 양자를 병행해야 한다는 주장이다.

의천이 천태종의 지관겸수를 통해서 의도했던 바는 화엄과 선의 통합에 있었던 것으로 보인다. 지관에서 화엄은 관에 해당되고, 선은 지에 해당된다. 천태종의 지관수행체계는 이론과 실천, 화엄과 선의 통합을 시도할 수 있는 이상적인 논리였던 것이다. 지관겸수는 후일 보조국사 지눌知訥(1158~1210)이 수선결사修禪結社를 통해서 주장한 정혜쌍수定慧雙修와 궤를 같이한다.

'정'은 '지'이고, '혜'는 '관'이다. 의천의 지관겸수가 보조의 수선결사를 통해서 정혜쌍수로 다시 제기되었다고 볼 수 있다. 그만큼 고려 후기로 갈수록 이론과 실천의 문제는 불교계에서 더욱 절실한 문제로 부각되었던 것이다.

어떤 경우라도 사상은 시간이 흐를수록 경직되고 껍데기만 남는 과정을 밟게 되는데, 이러한 경화현상을 극복하기 위해서는 끊임없이 실천의 문제에 집중하지 않으면 안

된다. 끊임없는 자기비판과 문제제기가 뒤따라야 하는 것이다. 그 문제제기의 역할을 바로 선종이 담당했던 것이다. 고려 후기로 갈수록 선종이 큰 비중을 차지했던 이유는 실천의 문제와 관련되기 때문이다.

이상을 살펴볼 때, 균여의 성상융회와 의천의 지관겸수는 모두 고려불교가 지닌 대립과 갈등을 해소하기 위한 시도였다. 그것은 원효가 시도했던, 중관사상과 유식사상의 대립을 해소하기 위한 노력을 계승하는 작업이기도 했다. 이는 또한 양자의 대립을 변증법적으로 종합함으로써 불교가 형식화되는 모순에서 벗어나기 위한 노력이라고 보아야 할 것이다.

나종우

조계종의 종조는 누구일까?

　　우리나라 불교에는 수십 개의 종파가 있지만 현재 주류를 형성하고 있는 종파는 조계종이다. 조계종은 현재 한국불교를 대표하는 종파라고 해도 과언이 아니다. 따라서 조계종을 연구하면 한국불교의 특징이 무엇인가를 살펴볼 수 있고, 한국불교의 역사가 어떻게 전개되어 왔는가를 파악할 수 있다.

　　먼저 한국불교의 특징은 무엇인가를 살펴보자. 한국불교가 지닌 독특한 면모를 한마디로 요약한다면 화두선話頭禪에 있다고 말할 수 있다. 화두선이란 선禪을 할 때 의식을 화두에 집중하는 수행법을 일컫는다. 예를 들면 '이 뭐꼬?'라든가 '無'와 같은 화두를 품은 채 생활하는 것이다. 이처럼 화두에 의심을 걸어 정신을 집중하는 참선방법은 한국불교의 주류인 조계종의 대표적인 수행법이다.

　　선禪을 행하는 데는 여러 가지 방법이 있지만, 화두를 참구參究하는 화두선은 한국이 가장 활발하다. 염불이 수행법의 주류를 이루고 있는 일본불교에 비추어볼 때 더욱 그렇다. 염불은 '나무아미타불' 또는 '관세음보살'과 같은 불보살의 이름을 소리내어 암송하는 방법이기 때문에 화두선과는 분위기가 전혀 다른 수행법이다.

중국은 어떤가? 중국은 화두선의 발상지이다. 그러나 1960, 1970년대 문화대혁명의 소용돌이 속에 중국불교는 사찰이 훼손되고 승려들이 강제로 환속당하는 등 대대적인 탄압을 받았고, 그 과정에서 화두선의 전통은 단절되고 말았다. 그래서 현재 중국불교에는 화두선의 전통이 끊어진 상태이다. 중국이 발상지였지만 그 온전한 형태는 한국에서 보전되고 있는 것이다.

그러므로 한자문화권인 한·중·일 삼국 가운데 화두를 통해 번뇌를 없애고 깨달음을 얻는 정신집중 방법은 현재 한국에서만 유일하게 계승되고 있는 셈이다. 이는 세계불교계에서도 독특한 전통으로 평가받고 있다. 예를 들면 태국·스리랑카·미얀마를 비롯한 남방불교계에서는 '비파사나'라는 관법觀法이 수행법의 주류를 이루고 있다. 즉 화두선을 하고 있지 않다는 말이다. 그만큼 화두선은 한국불교만의 독특한 개성이자 조계종의 특징을 잘 보여주고 있는 부분이다.

그렇다면 이러한 화두선의 전통은 언제부터 시작된 것일까? 그리고 어떻게 전승되어 왔던 것인가? 이는 다시 조계종의 종조宗祖가 누구인가 하는 문제와 맞물려 있는 물음이기도 하다. 조계종의 종조가 누구인가에 대해서는 크게 두 가지 설로 요약된다. 보조지눌普照知訥(1158~1210)이라는 설과 태고보우太古普愚(1301~1382)라는 설이 바로 그것이다. 어느 설이 맞는가. 이 문제를 제대로 파악하기 위해서는 고려 후기 상황까지 거슬러 올라가야 한다.

조계종의 종조가 누구인지 확실하게 밝혀지지 않은 이유는 '조계종'이라는 종명이 근래에 등장했기 때문이다. 조계종이라는 명칭은 고려나 조선시대에는 존재하지 않았고, 일제강점기인 1940년부터 처음 사용되기 시작했다. 종래의 '조선불교선교양종'이라는 명칭 대신에 '조선불교조계종'이라는 명칭이 처음 등장한 것이다. '조계'라는 명칭을 사용한 이유는 선불교禪佛敎의 중시조라 할 수 있는 중국의 육조혜능六祖慧能의 수행법을 계승한다는 취지가 작용했기 때문이다. 육조혜능이 주로 머물렀던 산의 이름이 바로 조계산이었다. 조계종이라는 명칭은 혜능이 머물렀던 산에서 따온 이름인 것이다.

그러나 이 이름이 고려시대나 조선시대에 등장하거나 사용된 적은 없고, 1940년대에 새롭게 등장한 이름이었다. 그런 만큼 한국불교에서 조계종의 연원淵源을 확실하게 정하기는 어려웠다. 더욱이 조선시대는 국가적 차원에서 억불정책이 강력하게 시행되던 시기라 불교의 수행전통이 제대로 계승·보전되기가 불가능한 상황이었다는 점을 감안할 때 그렇다.

조선시대는 종파가 존립할 수 없는 무종파의 시대였기 때문이다. 불교의 암흑기였던 조선시대의 불교전통에서 조계종의 연원을 탐색하기는 어렵다는 말이다. 결국 불교가 국교였던 고려시대, 그 중에서도 화두를 참구하는 선불교라는 새로운 흐름이 형성되던 고려 후기에서 조계종의 기원과 종조宗祖를 찾을 수밖에 없는 상황이다. 거기에 해당되는 인물이 바로 보조지눌과 태고보우이다.

보조지눌 종조설

보조지눌을 조계종의 종조로 삼아야 한다는 주장[普照知訥 宗祖說]의 근거는 무엇인가.

첫째는 보조가 주도했던 '수선결사修禪結社'라고 하는 결사운동 때문이다. 수선결사는 고려 후기 불교계가 타락의 조짐을 보이자, 이를 정화하기 위한 승려들의 자발적인 운동이었다. 개성중심의 불교가 귀족화하면서 자연히 세속화되었고, 불교가 지향해야 할 본질적인 문제는 제쳐두고 외형적인 형식에만 치중하는 경향이 발생하자 일어난 운동이었다.

어떤 이념이든지 시간이 흐를수록 본질은 빠지고 껍데기만 남는 법이다. 이를 극복하기 위해서는 자기 부정을 통해 거듭나려는 운동이 요청되는 법인데, 수선결사는 바로 그러한 불교개혁 운동이었다.

수선결사의 무대는 전남 순천의 수선사修禪社[현 宋廣寺]였다. 서울인 개성과는 멀리 떨어진 궁벽한 시골에서 운동을 시작한 배경에는 중앙 귀족불교의 영향으로부터 벗어나려는 의도가 작용했던 듯하다. 보조를 중심으로 시작된 수선결사운동은 지방차원의 운동에서 끝나지 않고 고려불교계 전반에 걸쳐 신선한 충격을 주었다.

아울러 결사가 이루어진 수선사는 고려 후기 불교계의 중요한 축을 담당하게 된다. 그러한 증거로서 수선사에서 배출된 16명의 국사國師를 예로 들 수 있다. 개성이 아닌 지방의 사찰에서 고려 후기 16명의 국사를 배출했다는 사실은 수선사가 차지하는 위상을 단적으로 드러내 주는 증거이며, 승·속을 막론하고 보조의 수선결사가 그만큼 역사적인 평가를 받았다는 이야기가 된다. 현재 송광사가 삼보사찰 가운데 하나인 승보사찰로 자리잡게 된 계기는 바로 보조의 수선결사와 16국사 배출이라는 업적과 무관하지 않다.

둘째는 수선결사의 이념 내지는 이론적 근거가 무엇이

었는가 하는 점이다. 그것은 바로 선禪이었다. 보조는 선을 제대로 실천하면 도덕적으로 불교가 정화될 뿐만 아니라 깨달음에 곧바로 들어갈 수 있는 방편이라고 보았던 것이다.

즉 고려불교계가 처한 도덕적 타락을 정화하고 종교적 수행으로 몰입할 수 있는 최적의 방법은 다름 아닌 선이라고 보았던 것이다. 오늘날의 입장에서 볼 때, 보조는 선불교禪佛敎로써 사회적·종교적 문제를 해결하자고 한 것이나 다름없다.

이 대목에서 한 가지 주목할 부분이 보조가 수립한 선불교의 이론화 작업이다. 보조는 선불교의 체계를 세웠다고 평가된다. 그러나 한편으로 선은 체계적인 이론을 부정한다. 선불교에서 내세우는 불립문자不立文字(문자로 교를 세우지 않음)·직지인심直指人心(곧바로 사람의 마음을 지도함)·교외별전敎外別傳(경전이 아니라 마음에서 마음으로 전하는 가르침)은 종래의 체계적이고 점진적인 불교수행을 배격한다.

이는 선불교가 도그마dogma를 철저히 부정하는 경향이 있기 때문이다. 껍데기만 남은 가르침, 즉 도그마를 부정하고 부수는 데는 불립문자가 효과적이지만, 이게 잘못 나가면 문자에 함축된 긍정적인 측면마저도 무조건 부정하는 위험에 빠진다. 이성과 상식을 부정하면 깨달음에 이른다는 '광선狂禪(미친 선)'이 바로 그것이다. 고려 후기에는 광선이 선불교 일각에서 유행했다.

무조건 함부로 행동하고 종교인으로서 지켜야 할 최소한의 윤리마저 부정하고 보는 선풍이 광선이다. 불립문자만 내세우면 광선을 제어할 수 있는 방법이 없다. 따라서 광선을 바로잡기 위해서는 선에 대한 최소한의 골격과 체계화가 요청된다. 보조가 시도한 작업은 바로 이 부분에 해당된다. 그 작업은 삼종문三種門으로 구체화되었던 것으로 보인다.

보조의 삼종문

□ 성적등지문惺寂等持門

이를 글자 그대로 해석하면 의식이 활동하는 상태惺와 의식이 쉬는 상태寂를 모두 지녀야 한다等持는 뜻이다. 바꾸어 말하자면 활동하는 상태만을 일방적으로 강조하거나, 아니면 쉬는 상태만을 일방적으로 중요시하는 태도는 바람직하지 못하다는 주장이다. 이 두 가지를 아울러 갖추어야 한다. 두 가지를 아울러 갖추는 것을 정혜쌍수定慧雙修라고도 부른다. 성惺이 곧 혜慧이고, 적寂이 곧 정定이다. 보조가 정혜쌍수를 주장했다는 사실을 뒤집어 생각해 보면, 당시 불교계의 상황이 정혜쌍수와는 거리가 멀었음을 뜻한다.

그렇다면 왜 정혜쌍수가 중요한가? 정은 호흡을 통해서 들어간다. 호흡은 인체의 하단전下丹田에 의식을 집중하는 수행법이다. 하단전에 호흡을 집중해야만 정력定力이 생긴다. 정력이란 곧 삼매三昧에 들어가는 힘이고, 내면세계의 고요함에 침잠할 수 있는 힘이다. 수행자가 정력이 없으면 몸이 허약하고, 정신집중력이 약해진다. 흔히 말하는 장좌불와長坐不臥눕지 않고 오래 앉아 있는 수행는 정력의 바탕없이는 불가능하다.

수행자가 힘을 갖추기 위해서는 정을 닦는 과정이 필수적이다. 정력 다음에는 혜력慧力이다. 혜는 지혜의 힘이다. 이는 상단전上丹田과 관련이 있다. 정만 닦고 혜를 닦지 않으면 인마人魔의 위험에 처한다. 혜의 본질은 공空의 진리를 깨닫는 일이다. 혜를 닦음으로써 매사에 집착하지 않는 능력이 생기고, 필요 이상의 욕심을 부리지 않는다. 세상사의 판단에서 실수가 적다.

그러므로 수행자는 정과 혜를 아울러 닦아야만 진정한 수행이라 할 수 있는 것이다. 정만 닦고 혜를 닦지 않으면 몸은 건강하지만, 판단력에서 문제가 발생한다. 반대로 혜만 닦고 정을 닦지 않으면 판단력은 좋지만 몸이 약해지는 문제가 발생한다. 정이 하부구조라면, 혜는 상부

구조이다. 당시 불교계의 상황을 통찰한 보조는 정혜쌍수가 이루어지지 않음으로써 발생하는 폐해가 크다고 본 것이다.

□ 원돈신해문圓頓信解門

고려시대 전체를 통해서 갈등을 빚어온 문제는 선禪과 교敎의 대립이었다. 여기서 말하는 교를 좁히면 화엄華嚴을 지칭한다. 선은 불립문자와 교외별전의 캐치프레이즈를 가지고 화엄을 부정했고, 화엄은 선을 무식하다고 비판했다. 선과 교를 어떻게 화해시킬 것인가. 선과 교의 접합점을 어떻게 찾을 것인가를 두고 보조는 고민했던 것 같다. 그러자면 돈頓과 점漸의 문제를 해결하여야만 했다.

화엄은 점진적인 깨달음의 노선인 점漸이고, 선은 단박에 깨달음을 얻을 수 있다고 보는 돈頓의 노선이었다. 보조는 화엄경에 나오는 "초발심시 갱성정각初發心時便成正覺[도를 닦아야겠다고 결심을 굳히면 그 즉시에 곧 깨달음에 도달한다]"이라는 대목에서 선과 화엄 그리고 돈頓과 점漸이 만날 수 있는 접합점을 발견했다.

이 대목은 화엄의 수행단계 가운데 10신信이라는 단계의 제1단계에서 나오는 말이다. 신심信心을 제대로 발휘하기만 하면 그 즉시 성불한다는 맥락이다. '신심 즉 정각信心卽正覺'이라는 등식이 성립된다. 제대로 된 신심은 화엄의 세계인 '점'을 말하고, 그것이 곧 정각이라는 상즉相卽의 논리는 선이 지닌 '돈'의 경지를 말한다.

보조는 화엄경의 '초발심이 곧 정각'이라는 대목에서 돈과 점의 문제를 해결하는 대목을 발견했던 것이다. 그는 이 돈과 점의 문제를 돈오점수頓悟漸修라는 틀로 구체화했다. 먼저 깨닫고 난 뒤에 점차적인 수행에 들어가는 방법이 온전한 깨달음에 이르는 첩경이라는 주장이다. 비유하자면 5층건물이 있다고 할 때, 먼저 바깥에서 5층건물 전체를 한눈에 파악하고, 그 다음에 계단을 통해서 2층·3층으로 올라가는 방식이 돈오점수이다.

건물 전체를 부분부분 바라보지 않고 한눈에 바라보는 안목, 즉 이것이 '돈오'이고, 계단을 통해서 위층으로 점차 올라가는 행위는 '점수'에 해당한다. 만약 돈오가 이루어지지 않은 상태에서 점수, 즉 계단을 올라가다 보면 방향감각을 상실할 위험이 있다.

다시 말해서 건물 전체를 파악했다고 해서 모든 문제가 끝나는 것은 아니다. 5층에 도달하기 위해서는 계단을 올라가야 한다는 문제가 여전히 남는 것이다. 그러므로 돈오했다고 해서 끝나지 않는다. 점수가 기다리고 있다. 보조가 제시한 돈오점수는 조선시대를 거쳐 현재에 이르기까지 한국불교의 대표적인 수행체계로 영향을 미치고 있다.

□ 경절문徑截門

경절문이란 '길 없는 길'이라는 의미이다. 이는 화두선을 의미한다. 화두선이 제시하는 수행법은 '길없는 길'이기도 하고 '무방법無方法의 방법方法'이라는 역설이다. 경절문이란 이제까지 다니던 길이 끊어져 버린 곳에 길이 있다는 논리 아닌 논리이다.

이를 한마디로 정의하기란 어렵다. 왜냐하면 경절문에서 말하고자 하는 것은 정의 그 자체까지도 해체하고 부정하는 방법이기 때문이다. 그게 바로 화두가 지닌 묘미이자, 화두가 주는 혼돈이다.

고려 후기 불교계에서 경절문, 즉 화두선의 노선을 공식적으로 제시한 인물은 보조가 처음이다. 화두선의 공식적인 데뷔는 보조의 삼문 가운데 경절문에서 이루어진 셈이다.

보조의 역할을 정리해 보면, 수선결사를 통해서 고려 후기 불교계에 선풍禪風을 정립했다는 점을 꼽을 수 있다. 그 다음에는 수행의 방향인 정혜쌍수와 화엄과 선의 회통인 돈오점수 그리고 화두선을 제시한 점이다. 이러한 보조의 공헌을 생각하면, 이후로 전개되는 한국 선불교 전통의 골격은 곧 보조가 제시한 바와 마찬가지이다. 그러므로 보조를 조계종의 종조로 보아야 한다는 주장이다.

태고보우 종조설

태고보우가 종조라는 설[太古普愚宗祖說]은 조선 중기 서산 휴정西山休靜(1520~1604)과 그의 문도 사이에서 제기된 것으로 역사가 있는 설이다. 태고보우를 종조로 생각하는 이유는 법통法統이라는 문제 때문이다. 선불교에서는 법통을 중시한다. 법통은 스승이 제자의 깨달음을 인정함으로써 이어진다. 깨달음이라는 것이 극히 추상적인 영역이기 때문에 이를 객관적으로 공증한다는 것은 사실상 어렵다.

깨달음은 태권도의 검은 띠 따는 문제와는 차원이 다른 영역이다. 깨달음을 공식적으로 인정하는 유일한 방법은 이미 깨달은 선지식으로 그를 인정하는 방법이다. 먼저 깨달은 자가 뒤에 깨달은 자를 인정하는 방식이 바로 전등傳燈이고 법통이다. 따라서 깨달음에 대한 스승의 인가가 중요한 검증장치인 셈이다.

태고보우는 법통이 있고, 보조지눌은 법통이 없다. 그것이 양자의 핵심적인 차이이다. 말하자면 보조는 독학으로 깨친 사람이고 태고는 졸업장을 가지고 있다는 말이다.

대각국사 의천이 천태종을 창립하면서 기존의 선종 승

려들을 포섭해 갔기 때문에 선종의 맥이 미미했는데, 그 미미한 맥을 다시 살린 사람이 보조이다. 보조는 선배가 없는 상태에서 학무상사學無常師(배움에 일정한 스승이 없음)의 정신으로 혼자 경전과 참선공부를 깨친 사람이다.

반면에 태고를 종조로 보는 시각은 바로 이 졸업장, 즉 법통을 가지고 있다는 점을 중요시한다. 보조는 실력은 있지만 졸업장이 없으니까 종조로 보기는 어렵지 않느냐 하는 것이다.

태고의 법통인 졸업장을 살펴보자. 태고는 13세에 출가하여 19세부터 '만법귀일'이라는 화두를 참구參究하기 시작했다. 일찍부터 화두선의 수행에 접어든 것이다. 그러다가 『원각경圓覺經』의 내용 가운데 "일체진멸 명위부동一切盡滅 名爲不動"이란 대목을 읽다가 일차 깨달음을 얻는다. 그리고 나서 다시 무자無字 화두를 잡는다. 몇 년 동안 무자화두에 집중하다가 홀연 깨달음을 얻는다. 이 때가 태고의 나이 38세였다.

당시 38세면 적은 나이가 아니다. 19세부터 본격적으로 화두를 잡기 시작하여 38세라는 중년의 나이에 이르러 화두 중의 화두라는 무자화두를 뚫었던 것이다. 물론 이 때까지는 스승의 인가를 받지 않은 상태였다. 그는 스승의 인가가 필요했다. 그 인가를 받기 위해서 원元나라로 간다. 그 때가 1346년, 그의 나이 46세가 된 해였다. 장년의 나이에 중국으로 간 것이다.

태고는 중국에서 석옥청공石屋淸珙이라는 선승을 만나 문답을 나누면서 정식으로 자신이 경험했던 깨달음의 세계를 인가받는다. 태고에게 졸업장을 준 인물인 석옥청공은 중국의 유력한 선종 파벌 가운데 하나인 임제종의 고승이었다.

중국 임제종의 고승인 석옥청공으로부터 인정받았으므로, 태고는 선불교의 법통을 이어받은 인물로 인식되었다. 태고를 조계종의 종조로 인식하는 입장은 중국 선불교와의 이 같은 배턴터치를 무엇보다 중시하는 것이다.

그러나 이 배턴터치를 자세히 살펴보면 다분히 형식적인 것이다. 46세라는 나이는 청소년기가 아니다. 장년의 나이로서 이미 일가를 이루고도 남는 연령이다. 더군다나 태고는 그 전에 이미 본국에서 몇 단계의 깨달음을 얻은 상태였다. 그것을 중국의 선승과 몇 마디의 선문답을 거쳐 확인받은 셈이다. 굳이 비유하자면 내용물은 국산이고, 포장지만 중국제였다.

화두선이라고 하는 독특한 수행법이 북방불교권에서 온전하게 보존되어 있는 나라는 한국뿐이다. 그 화두선을 종지로 하는 조계종의 종조는 크게 고려 후기에 활동했던 보조지눌과 태고보우로 압축된다.

누구를 종조로 볼 것인가를 살펴보면 형식은 태고에

있고, 내용은 보조에 있다. 한국 조계종의 화두선 골격을 세운 인물은 보조이고, 그 법통을 이은 인물은 태고이다. 따라서 내용을 중시한다면, 보조를 종조로 보아야 할 것 같다.

나종우

쉬어가는 곳

고려 사람들의
부처모습 모시기

쉬어가는 곳

고려시대의 석탑

탑이란?

탑塔은 높이를 특징으로 삼는 건축물을 일컫는 말로, 특히 불교에서는 탑파의 약어이기도 하다. 이 탑파는 인도의 고대어인 산스크리트어의 스투파stupa를 한자로 표기한 것으로 원래 부처의 묘소를 뜻한다고 한다. 지금 전국의 사찰에서 탑을 볼 수 있는 것은 바로 이런 뜻이 있기 때문일 것이다. 다시 말해 탑은 부처의 상징물인 것이다. 불상이 부처의 살아 있는 모습을 상상하여 만들어낸 상징물이라면, 탑은 부처가 돌아가신 상태인 묘지를 상징한다.

탑은 불교가 발생한 인도에서 처음 나타났으며, 이후 불교의 전래와 함께 중국을 거쳐서 우리나라에 전해졌다. 탑의 양식은 처음에 불교가 수용된 삼국에서 제각기 발달했으나, 삼국이 신라에 의해 통일되면서 탑의 건축양식도

신라의 양식으로 합쳐져서 발달하게 되었다.

신라가 삼국을 통일한 직후에 세운 감은사의 동·서 3층석탑은 우리나라 전형적인 탑의 시원始原을 보여주고 있다. 이후 전체적인 구조에서 기단부나 탑신부를 막론하고 목조탑의 각 부를 모방하여 돌로 구현했고, 높고 큰 기단부와 넓은 탑신부가 점차 비슷한 크기로 그 규모가 작아지고 기단부와 탑신부의 복잡한 양식이 생략되어 가는 과정을 거쳐 점차 우리나라 탑의 일반적인 형태가 완성되었다. 바로 경주 불국사의 석가탑을 그러한 모습의 대표작으로 들 수 있다. 이후의 모습은 이 때 형성된 틀을 바탕으로 변화되어 나타난 것이다.

탑은 일반적으로 하늘을 향해 솟은 모양을 하고 있는데, 그 구체적인 모양이나 형식은 나라마다 문화마다 조금씩 차이가 있다. 한국·중국·일본 삼국의 경우는 탑의 대체적인 모습은 비슷하다. 즉 탑은 크게 탑 전체를 받치는 기단부와 여러 층으로 쌓여진 탑신부 그리고 그 위에 화려하게 올려진 상륜부로 구성된다.

그런데 중국이나 일본은 탑을 주로 벽돌이나 나무로 크게 만들어서 탑신부에 해당하는 부분에 사람이 올라갈 수도 있는데, 법주사의 팔상전을 떠올린다면 그 모습을 쉽게 이해할 수 있다. 그래서 흔히 중국의 탑은 전탑, 일본의 탑은 목탑이라고 한다.

우리나라 탑이라면 누구나 먼저 경주 불국사의 석가탑釋迦塔과 다보탑多寶塔을 떠올릴 것이다. 그것은 이 두 탑이 그만큼 유명하다는 것을 말해 주는데, 이 둘은 규모가 클 뿐만 아니라 그 형태의 아름다움과 균형미가 찬사를 자아내게 만든다.

이 두 탑은 통일신라 경덕왕 때 불국사 창건과 함께 세워진 것으로, 신라시대 탑의 정형을 보여준다. 석가탑은 당시 일반적인 탑의 대표적인 모습이며, 다보탑은 특이한 형태의 탑을 대표한다고 하겠다. 이 시기의 탑은 워낙 뛰어난 작품이 많은데다가 이후의 석탑건축에 모범이 되었기 때문에 우리나라 탑의 모습을 살피는 데 중요한 잣대가 된다. 그러면 우리나라 탑의 일반적인 특징을 알아보자.

우선 우리나라 탑의 재질은 벽돌로 쌓은 중국이나 나무로 지은 일본과는 달리 돌石, 특히 화강암으로 만든 탑이 많은데, 이것은 우리나라에서 양질의 화강암이 많이 산출되는 자연조건과 관계가 깊다. 때문에 우리는 주로 석탑이라고 부르는 것이다.

또 탑의 기본적인 구조는 방형方形의 중층重層으로 되어 있다. 즉 탑의 받침돌인 기단석基壇石 위에 4각형을 기본으로 하여 3층이나 5층의 여러 층으로 탑신부를 쌓은 구조인 것이다. 그리고 탑신부 위에 다시 상륜부를 얹어놓고 있다.

신라시대에는 이러한 일반적인 형태의 석탑 이외에도

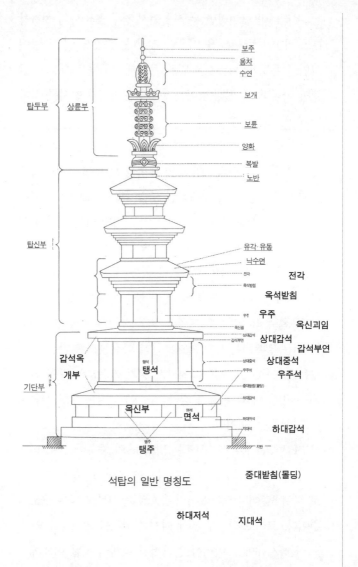

석탑의 일반 명칭도

탑두부 — 상륜부
- 보주
- 용차
- 수연
- 보개
- 보륜
- 양화
- 복발
- 노반

탑신부
- 유각·유동
- 낙수면
- 전각
- 옥석받침

전각
옥석받침
우주
옥신괴임

우주
옥신돌
상대갑석
갑석부연

상대갑석
갑석부연
상대중석
우주석

기단부
갑석옥
개부
탱석
면석
옥신부
탱주

상대중석
우주석
하대갑석
하대저석
지대석

중대받침(몰딩)

하대저석   지대석

많은 다양한 모습의 탑들이 세워졌는데, 전남 구례 화엄사의 4사자3층석탑도 매우 유명하다. 이런 특이한 탑 건축양식은 고려시대까지 이어지기도 했다.

고려시대 탑의 특징

고려시대에는 불교가 국교였다. 그에 따라 전국 각지에 사찰이 세워졌고, 많은 불교건축물과 미술품이 만들어졌다. 당연히 탑도 전국에 많이 세워졌다.

고려시대에도 통일신라시대의 탑과 마찬가지로 4각의 방형과 여러 층으로 구성되는 탑의 일반적인 형식이 기본이었다. 개성 현화사玄化寺 7층석탑이나 전북 익산의 왕궁리 5층석탑, 전북 김제 금산사의 5층석탑이 대표적인 사례이다.

그런데 고려시대 탑을 이전의 신라시대 탑과 비교해 보면, 몇 가지 다른 특징적인 모습을 찾을 수 있다. 먼저 탑 건축이 지역적으로 분산되어 전국에서 석탑을 살펴볼 수 있다는 점이다. 신라시대의 탑은 대체로 경주를 중심으로 하는 경상도 일대에 집중되었지만, 고려시대에 들어와서는 전국적으로 탑의 건축이 이루어지고 있다. 이것은 그

만큼 불교가 전국으로, 깊숙이 전파되었음을 말해 주는 것이기도 하다.

오대산 월정사 8각9층석탑

또한 국가적으로도 불교를 숭상하여 현화사·흥왕사·국청사와 같은 국가적인 사찰이 많이 건립되었는데, 대부분 수도였던 개경 부근에 지어졌다. 그러나 후삼국 통일을 기념하기 위하여 지은 천호산 개태사(지금의 충청남도 연산)를 비롯하여 서경의 9층탑, 경주 황룡사 9층목탑의 중수, 전북 익산 왕궁리 석탑 등과 같이 전국적으로 국가적인 사찰과 석탑의 건축이 이루어지고 있다.

여기에는 당시에 유행한 풍수지리사상도 영향을 미쳤는데, 이른바 비보사탑설神補寺塔說이 그것이다. 즉 풍수가 그다지 좋지 않은 곳에 절이나 탑을 세워 기운을 채우거나 보충한다는 것인데, 국가적으로나 지역적으로 그러한 곳에 많은 사탑寺塔이 세워지기도 했다.

두번째 특징은 층수가 늘어났다는 점이다. 즉 3층이나 5층이 일반적이었던 이전과 달리 고려시대에는 오대산 월정사의 8각 9층석탑과 같이 7층이나 9층, 심지어는 경복궁에 있는 경천사지 10층석탑이나 묘향산 보현사의 13층석탑과 같이 매우 높아지는 모습을 보여준다. 이 같은 현상은 고려 전기보다는 원의 간섭을 받기 시작한 13세기 이후의 모습에서 두드러지게 나타난다. 대표적인 것이 경천사지 10층석탑이다.

이 탑은 초층의 탑신에 '지정 8년 무자至正八年戊子'라고 새겨져 있어 충목왕 4년인 1348년에 세워졌음을 알 수 있다. 원래 경기도 개풍군 경천사지에 있던 이 탑은 일제시대에 반출되었다가 반환되어 경복궁에 있는데, 지금은 해체되어 수리중이다. 이 과정에서 탑의 지대석은 없어졌다.

이 탑은 회색의 대리석으로 만들어졌으며, 기단부는 2층인데 4면에 부처와 보살·인물·초화草花·반룡蟠龍이 양각으로 새겨져 있다. 또 각 모서리에는 마디가 있는 둥근 기둥모양節目圓柱形이 새겨져 있다. 탑신부는 10층인데 3층까지는 기단과 같이 4면이 나와 있는 형태이며, 4층부터는 4각의 방형方形으로 되어 있다.

각 층의 탑신 위에는 옥개석을 놓고, 각 탑신의 모서리에는 역시 원주圓柱를 새겼으며, 각 층의 모든 면에 부처·보살 등이 가득 조각되어 있다. 탑신부 위에는 상륜부가 놓여 있는데, 이 탑의 상륜부 형식은 우리나라 탑과는 다른 원나라의 라마교적인 수법을 엿볼 수 있다고 한다.

이 석탑은 건축물의 각 부분을 본뜨고 있으면서 조각이

매우 많아서, 건축과 조각이 한데 어우러진 특이한 형태라고 할 수 있다. 이런 형태는 조선 초기에 만들어진 원각사지 10층석탑[현재 서울 종로 3가 탑골공원 내에 있음]에서도 찾아볼 수 있다.

세번째 특징은 두번째 특징과 함께 나타나는 경향이 강한데, 4각의 방형方形[정사각형]이 기본이던 탑신이 다각형이나 원형의 형태를 띠는 경우가 많아졌다는 것이다. 월정사나 보현사의 탑은 각각 9층과 13층인데 8각형이며, 앞에서 설명한 경천사지 10층석탑 역시 8각의 형태이다. 또 금산사의 석탑은 6각으로 되어 있기도 하다. 한편 전라남도 화순군의 다탑봉에는 많은 석탑군이 있는데, 여기에는 원형 다층석탑 및 원구형 석탑과 같은 특이한 탑도 조성되어 있다.

네번째 특징은 다양한 지방색이 나타난다는 점이다. 기본적으로 고려시대의 탑은 통일신라의 양식을 따르면서도 다양한 모습으로 표현되었다. 특히 각 지방의 특성이 담긴 독특한 모습을 띠었는데, 대표적인 형태는 옛 백제의 영향이 반영된 것이다.

충청도와 전라도 지역에서 만들어진 탑은 백제의 영향이 강하게 남아 있다. 부여 무량사 5층석탑이나 공주 계룡산 남매탑, 익산 왕궁리 5층석탑 등은 백제시대에 만들어진 익산 미륵사지 석탑이나 부여 정림사지 5층석탑의 여러

남계원 7층석탑
개성 덕암동 남계원 절터에 있던
고려 중기의 석탑

부분을 모방하고 있음을 알 수 있다.

이렇게 고려시대의 탑이 이전 신라시대와는 다른 특징을 지니게 된 까닭은 위에서 조금 언급했지만, 불교 자체의 성격변화와 고려만의 특성 때문이다. 즉 통일신라까지의 불교는 왕실과 국가 중심이었으므로 당시 수도였던 경주 일대가 그 중심지였다. 그러나 고려시대로 들어오면서 선종 '9산선문九山禪門'이라는 표현에서 알 수 있듯이 불교는 전국적으로 퍼졌고, 국가에서도 대대적으로 지원했다. 또 신라 말에서 고려 초에 걸쳐 전국에서 많은 호족이 성장했던 관계로 지방의 독자적인 성격도 강했던 것이다. 이러한 점이 불교건축, 특히 탑의 건축에도 영향을 미쳐서 다양한 지방색을 지닌 탑들이 건축되었던 것이다.

또 다른 원인은 고려시대의 불교미술에 대한 주요관심이 옮겨간 것을 들 수 있다. 신라시대에는 불상·탑·종 등 조각과 공예에서 우수한 작품이 많이 나온 반면, 고려시대에는 주로 불화佛畵에 많은 관심이 쏟아졌다. 이 때문에 고려시대의 불화는 뛰어난 작품이 많은 것으로 유명하다.

불화에 대한 관심이 높다 보니 상대적으로 탑과 같은 불교건축에는 다소 관심이 떨어져서 이전의 석탑에 비해 그 미적 완성도가 떨어지는 작품이 많은데, 이 점은 바로 고려시대 불교의 특징 가운데 하나를 반영한 결과라고 할 수 있다.

김보광

정성으로 만든 부도탑

중세의 불교사상

　인간을 생각하는 동물이라고 부르듯이 생각·사상은 사람의 삶에서 핵심적인 요소임에 틀림없다. 그러므로 과거 한 시대와 사회의 생각과 사상을 이끌어 온 이른바 사상가의 삶과 생각은 현재 우리에게 녹아 있으며, 미래에도 일정하게 이어질 것이다.

　인간이 신화의 세계로부터 독립하기 시작했을 때, 가장 먼저 동원한 수단은 이성로고스이었다. 단군신화로부터 설화 등으로 이어지면서 점차 합리적인 이야기의 모습을 갖추게 되는 것에서 알 수 있다. 이성에 대한 초기적 신뢰가 타격을 입었을 때, 그들은 새롭게 비합리적인 감성에토스에 주의를 기울이는 쪽으로 나아갔다.

　현존하는 대부분의 고등종교는 그 부산물이다. 우리나

라 고대 말기에 들어와 중세 전기 사회를 풍미했던 불교도 그 하나였다. 경전에 대한 이성적 분석보다 감성적 직관에 의존하여 새로운 실천으로 나아가는 것은 추세나 경향이라기보다는 본령本領이라고 보는 것이 옳을 것이다.

이런 의미에서 중세는 감성의 시대였다고도 할 수 있다. 화엄이니 법상이니 하여 경전의 해석과 비판에 근거하는 이른바 교종도 '부처를 만나면 부처를 죽이고' 문자로 가둘 수 없는 궁극적 깨달음에 도달하기 위한 한 방편에 불과할 따름이다. 그러나 한편 이 방편은 가시적인 것이어서 세속의 권력과 결합하기 위한 효과적인 수단으로 활용되어 온 것 또한 사실이다.

선종의 징표, 부도

삼국시대에 전래되어 통일신라의 국가 이데올로기로서 기능했던 화엄중심 불교는, 신라 말기에 이르면 지배층인 골품귀족의 토지독점과 권력집중에서 오는 사회구조적 모순이 반영되어 지배 이데올로기로서의 권위를 점차 상실해 가고 있었다.

지방호족들이 곳곳에서 기존의 권위에 도전하여 후삼

국시대에 돌입하자 이에 상응하는 지배 이데올로기의 재구축 작업도 동시에 진행되지 않을 수 없었다. 그것은 기존의 경전에 대한 재해석만으로는 불충분했고, 이른바 '불립문자不立文字·교외별전教外別傳·직지인심直指人心·견성성불見性成佛'을 주장하는 근원적 전환을 요청하고 있었다. 9산선문으로 알려진 선종의 등장이다.

그러한 사회구조적 전환을 완성한 것이 고려의 통일이었으므로, 그 이데올로기적 기초가 되었던 선종이 고려왕조에서 상당한 위치를 차지하게 된 것은 전혀 이상한 일이 아니다. 그런데 이 선종은 깨달음의 주요 방편인 '선'이 교종의 그것인 '경전'에 비해 비가시적이고 주관적이며 무논리적이어서 세속의 권력과 만날 때는 취약성을 가질 수밖에 없었다. 이른바 '선문답하고 있다'는 부정적 인식이 그것이다.

이 때문에 일단 새 통일왕조가 정착되자 사상계의 주도권은 화엄·법상·천태 등 교종 쪽으로 다시 흘러갔다. 그러한 분위기 속에서 초조대장경·속장경·재조대장경 등 대장경 조조사업이 활발하게 진행되었던 것이다.

그러나 '선'은 에토스를 매개로 한 실천수행이라는 보다 근원적인 자세를 견지함으로써 자기혁신·자발성·창의성을 드러내는 강한 메시지를 끊임없이 생산해 온 것 또한 사실이다. 그 물적 징표가 다름 아닌 부도와 부도비이다. 당연히 온갖 정성이 담기지 않을 수 없었다.

부도浮屠는 부도浮圖·부두浮頭·포도蒲圖·불도佛圖 등으로도 쓰이는데, 원래 불타佛陀와 같이 Budda를 번역한 것이라고도 하고, 탑파塔婆·스투파Stupa[부처님 사리를 모셔놓은 곳]에서 온 것이라고도 한다. 일반적으로는 승려의 사리를 봉안한 묘탑을 가리킨다.

이런 용어법은 신라 경문왕 때 세운 대안사大安寺 적인선사조륜청정탑비寂忍禪師照輪淸淨塔碑 비문 가운데 "기석부도지지起石浮屠之地"라는 말에서 비롯되었다.

부도 곁이나 조금 떨어진 곳에 부도비가 딸려 있는데, 여기에는 해당 스님의 생애와 사상·업적·부도·부도비를 세운 연대·조성참가자 등이 기록되어 있다. 그 구성은 크게 비를 받치는 대좌臺座, 비문을 새기는 비신碑身, 비신을 덮는 개석蓋石의 세 부분으로 이루어져 있다.

대좌는 대개 거북처럼 만들어 귀부龜趺라고도 하는데, 장수의 상징인 거북으로 비신을 받침으로써 후세에 오래 남기려는 뜻을 담았다고 한다. 대개 거북의 몸에 용의 머리를 달아 약동하는 듯한 힘이 느껴지게 했다. 비신은 비문을 새겨넣은 몸돌이다. 보통 긴 직육면체의 판돌에 글씨를 새기고 머리부분에 비의 명칭인 제액을 전자篆字로 둘러놓았는데, 양 옆면까지도 섬세하게 조각하여 정성을 다했다. 개석은 몸돌 위에 올려진 지붕돌인데, 커다란 세 마리의 이무기와 구름무늬를 새긴 것이 많다. 이무기를 조각했다 하여 이수螭首라고도 하며, 때로는 제액題額을 여기에 새겨 넣기도 했다.

이런 기본구성은 통일신라와 고려를 거치면서 더욱 정성스럽고 정교해지다가 조선왕조에 오면서부터는 귀부나 이수가 간소화되고, 이수를 지붕모양의 돌로 대신하는 등 점차 단순한 형태로 바뀌게 된다. 더 나아가 이수를 없애고 비신을 그냥 둥글게 처리하는가 하면, 부도비를 따로 마련하지 않고 부도의 한 곳에 비문을 새겨넣은 것도 나타난다.

부도의 양식과 특징

우리나라 석조부도의 기본양식은 팔각원당형이다. 그 시원이라 할 수 있는 진전사지 부도의 경우, 기단부는 사각형이며, 탑신부가 팔각원당형이다. 그 전형은 염거화상탑에서 찾을 수 있는데, 기단부 및 그 위의 굄대·탑신부·옥개석·상륜부까지 모두 팔각으로 조성되어 있다.

불교적으로 보면 미타와 관음의 전당이 대개 8각이었던 데서 기인하여 하나의 전당이라는 뜻을 담아 유래된 것이라고도 하고, 건축학적으로도 8각이 외형상 원형에 가깝기 때문에 8각원당형이라 부른다고도 한다. 이러한 8각 관련유물로서는 감은사터 서석탑 안에서 발견된 청동사리기가 있는데, 8각당의 축소물과 같은 형태를 갖추고 있다.

신라에서 성행하던 완전한 팔각당 형식의 건물은 고려로 넘어오면서 고달사터 부도나 원종대사 부도처럼 중대석을 두껍게 하고 거북이나 용을 등장시키는 데서 보듯이 더욱 조형미를 강조하면서 변화를 추구해 가는 경향을 띤다. 더 나아가 1085년경의 법천사터 지광국사 부도는 팔각원당형에서 완전히 벗어나 방형으로 변화하며, 최대한 아름답고 화려하게 장식해 놓고 있다. 부도 앞에 석등이 등장한 것도 이 무렵부터이다.

고려 말에 들어서면 부도의 유행이 확산되면서 다수의 복발형[종형] 부도가 생겨나기 시작한다. 그러다가 조선왕조에 들어와서는 억불숭유정책에 따라서 간소화 경향이 가속화된다. 이에 따라 빠르고 쉽게 제작할 수 있는 형태인 석종형의 부도가 제작되었고, 그것이 이후 부도의 주류를 이루게 된다. 고려 초기에 만들어진 금산사 석종이나 통일신라 하대의 조성품으로 보이는 울산 태화사터 부도가 있기는 하지만, 석종형 부도의 대부분은 조선왕조에서 제작된 것이다.

고려의 대표적 부도와 탑비

흥법사 진공대사탑은 보물 365호인데, 추정 조성연대는 태조 23년(940)이다. 강원도 원성군 지정면 안창리 흥법사 터에서 1931년에 경복궁으로 옮겨 왔고, 지금은 국립중앙박물관 뜰에 옮겨져 있다. 전체가 8각으로 이루어진 기본적인 형태이다.

진공대사는 신라 말 고려 초의 고승으로 당에 유학하고 돌아와 신라 신덕왕의 스승이 되었으며, 고려 태조의 두터운 존경을 받았다.

고달사터 부도는 국보 4호로 고려 광종 9년(958)에 입적한 원종대사 혜진탑보다 앞서 만들어진 것으로 추정되며, 경기도 여주군 고달사 터에 있다. 신라 부도의 기본형을 따르면서 세부에서 고려시대 양식을 강하게 풍기는 팔각원당형 부도 가운데 손꼽히는 거작이다. 이 부도 앞에 있던 쌍사자 석등은 현재 국립중앙박물관에 옮겨져 있다.

고달사터 원종대사 혜진탑비 귀부 및 이수와 탑은 각각 보물 6호·7호인데, 비는 광종 말년(975)에 완성되어 경종 2년(977)에 건립되었으며, 모두 경기도 여주군 고달사 터에 있다. 그 비신은 파손되어 현재 국립중앙박물관에 보관되어 있다. 탑비는 원종대사의 행적을 담고 있는데, 신라 말에서 고려 초기로 넘어가는 탑비양식을 잘 보여주고 있다. 탑은 아름답고 화려한 고려시대 부도 조각수법을 엿볼 수 있다.

법인국사 보승탑과 탑비는 각각 보물 105호·106호이다. 탑비는 경종 3년(978), 탑은 그 무렵에 충남 서산시 보원사 터에 세운 것으로 법인국사 탄문의 것이다. 전체적으로 8각의 기본양식을 잘 갖추고 있으며, 몸돌에서 보이는 여러 무늬와 지붕돌의 귀꽃조각 등은 고려 전기의 시대성을 그대로 보여주고 있다. 법인국사는 신라 효공왕 4년(900)에 출생하여 고려 광종 26년(975)에 입적한 신라 말 고려 초의 고승이다.

고달사지 원종대사혜진탑비의 귀부 및 이수

굴산사터 부도는 보물 85호로 강원도 강릉에 있는 굴산사를 창건한 범일국사의 사리탑이다. 굴산사 터의 위쪽에 자리잡고 있으며, 모든 부재가 8각으로 조성되는 기본형을 따르고 있지만 부분적으로 변형된 수법이 보이는 탑이다. 전해 오는 바에 따르면 범일국사가 입적한 시기(888)에 조성되었다고 하나, 탑의 구조나 조각수법 등으로 미루어 이보다 늦은 시기에 만들어진 것으로 추정된다.

연곡사 북부도는 국보 54호로 전남 구례 연곡사에 있는데, 통일신라 후기에 만들어진 가장 아름다운 동부도를 본떠 고려 전기에 건립한 것으로 보인다. 크기와 형태는 거의 같고 다만 세부적인 꾸밈에서만 약간의 차이를 보이는데, 8각형 부도를 대표할 만한 훌륭한 작품으로 꼽힌다.

대안사 광자대사탑은 보물 274호로, 고려 광종 원년(950) 전남 곡성 대안사 입구에 건립한 광자대사의 사리탑이다. 광자대사는 대안사의 2대 조사祖師로, 경문왕 4년(864)에 출생하여 혜종 2년(945)에 82세로 입적했다. 자는 법신法身이고 법명은 윤다允多이다. 부도의 형태는 바닥돌부터 꼭대기까지 8각평면을 이루고 있으며, 기단부 위에 탑신을 차례로 놓은 전형적인 모습이다.

갑사 부도는 보물 257호로 충남 공주 갑사 뒤편 계룡산에 쓰러져 있던 것을 1917년 대적전 앞으로 옮겨 세웠다. 전체가 8각으로 이루어진 모습이며, 3단의 기단 위에 탑신을 올리고 지붕돌을 얹은 형태이다. 전체적으로 조각이 힘차고 웅대하나, 위 부분으로 갈수록 조각기법이 약해졌다. 특히 지붕돌이 지나치게 작아져 전체적인 안정감과 균형을 잃고 있다. 각 부 양식과 조각수법으로 보아 고려 초기에 건조된 것으로 추정된다.

금산사 방등계단은 보물 26호로 전북 김제 무악산에 자리한 금산사 송대의 5층석탑과 나란히 서 있다. 기단에 조각을 둔 점과 돌난간을 두르고 사천왕상을 배치한 점 등으로 미루어 불사리를 모신 사리계단으로 해석되고 있다. 이 탑은 가장 오래된 석종으로 조형이 단정하고 조각이 화려한 고려 전기의 작품으로 추정된다.

정토사 홍법국사 실상탑은 국보 102호로 고려 목종 때의 승려인 홍법국사의 부도이다. 충북 중원의 정토사 옛터에 있던 것을 1915년에 경복궁으로 옮겨온 것이다. 홍법국사는 신라 말 고려 초에 활약했던 유명한 승려로서 당나라에서 수행하고 돌아와 선禪을 유행시켰으며, 고려 성종 때 대선사大禪師를 거쳐 목종 때 국사國師의 칭호를 받았다.

전체적인 구성에서는 8각형을 기본으로 하는 신라의 부도형식을 잃지 않으면서 일부분에서 새로운 시도를 보여준 작품으로, 제작연대는 홍법국사가 입적한 고려 현종 8년(1017) 이후로 보고 있다. 공모양의 몸돌로 인해 '알독'이라고 불려지기도 한 이 탑은 새로운 기법을 보여주는 고려시대의 대표적인 부도로, 섬세한 조각과 단조로운 무늬가 잘 조화되어 부드러운 느낌을 주고 있다.

거돈사 원공국사 승묘탑은 보물 190호로 거돈사터에 남아 있던 고려 전기의 승려 원공국사의 사리탑이다. 일제

시대에 일본사람의 집에 소
장되어 있던 것을 1948년 경
복궁으로 옮겨 세웠다.

법천사 지광국사 현묘탑
고려시대의 대표적 부도탑. 팔각원
당형에서 벗어나 평면 사각형의 모
습을 한 새로운 양식이 돋보인다.

탑비의 건립은 '태평을축
추칠월太平乙丑秋七月'로 되어
있는데, 이는 고려 현종 16년
(1025)에 해당하므로 이 사리
탑도 그 때 제작된 것으로 추
정된다. 고려 전기의 대표적
인 8각사리탑으로, 모양이 단
정하고 아담한 통일신라 부
도의 양식을 이어받아 조형의 비례가 좋고 중후한 품격을
풍기며, 전체에 흐르는 조각이 장엄하여 한층 화려하게 보
인다.

원공국사(930~1018)는 천태학승으로 광종·경종·성종·
목종·현종 등 역대왕의 신임이 두터웠던 스님이다.

법천사 지광국사 현묘탑과 탑비는 각각 국보 101호·59
호로 원주시 법천사 터에 지광국사 해린(984~1067)을 위해
세운 것인데, 탑은 일제시대에 일본의 오사카로 몰래 빼돌
려졌다가 반환되어 현재 경복궁 안에 세워져 있는데, 한국
전쟁 때 파손되어 1957년에 보수했다. 1085년 세워진 것으
로 추정되는데, 팔각원당형에서 벗어난 새로운 양식으로

각 조각이 아주 섬세하고 화려하여 한국묘탑 중에서 최고의 걸작으로 꼽힌다.

탑비는 고려 선종 2년(1085)에 세워진 작품으로, 거북등의 조각수법과 머릿돌의 모양이 새로운 것이 특징이다. 비 앞면 가장자리에 덩굴무늬를 새기고, 양 옆면에 정교한 조각을 한 치밀함이 돋보여 형태와 조각이 잘 어울리는 고려시대의 대표작이라 할 수 있다. 문종의 넷째아들 대각국사 의천이 바로 이 지광국사에게 출가했다.

신륵사 보제존자 나옹화상 석종비는 보물 229호로, 경기도 여주 신륵사에 모셔진 보제존자 나옹의 탑비이다. 고려 우왕 5년(1379)에 세워졌는데, 신라의 정형 팔각원당형에서 벗어나 변화한 고려시대 양식으로 석종형이다.

보제존자 나옹은 선종과 교종을 통합하여 불교를 다시 일으켜 세우려 했던 승려로, 양주 회암사의 주지로 있다가 왕의 명을 받아 밀양으로 가던 도중 이 곳 신륵사에서 입적했다.

사나사 원증국사탑은 경기도 유형문화재 72호로, 고려 우왕 9년(1386) 문인 달심이 경기도 양평 사나사에 건립한 원증국사 태고 보우의 사리탑이다. 부도는 기단 위로 종모양의 탑신塔身을 올린 석종형태를 띠고 있다. 부도비의 글씨는 정도전이 썼다. 국사는 13세에 회암사 광지선사에 의해 중이 되었고, 충목왕 2년(1346) 원나라에 가서 청공의 법을 이어받았다. 충목왕 4년 귀국하여 소설암이라는 암자에서 수도를 하고 왕사·국사가 되었으며, 이 암자에서 입적했다.

영전사터 보제존자 사리탑은 보물 358호이며, 고려 후기의 승려인 보제존자의 사리탑으로 모두 2기이다. 고려 우왕 14년(1388)에 세운 것으로, 1915년 일본인에 의해 국립중앙박물관으로 옮겨 세워졌는데, 보통 승려의 사리탑과는 달리 석탑형식을 취하고 있다.

탑을 지금의 자리로 옮길 당시에 각각의 탑에서 사리를 두는 장치가 발견되었는데, 그 가운데 한 탑에서는 죽은 사람에 관해 새긴 지석誌石이 발견되어 이 탑을 세우게 된 과정을 알 수 있게 되었다. 이 탑은 전체적으로 짜임새가 훌륭하고 균형을 이루고 있다.

윤한택

크고 '못생긴' 고려의 부처

고려시대 불교의 발전으로 수많은 불상의 조영이 뒤따랐다. 불상이야말로 속세로부터의 구원이라는 염원을 담은 가장 구체적인 조형물이라 할 수 있을 것이다. 정확한 통계를 내기는 어렵지만, 현재 남아 있는 우리나라의 옛 불상 가운데 고려의 것이 가장 많은 것은 두말할 필요도 없다.

고려의 불상조영은 신라 이래의 전통을 계승하고 있음은 물론이다. 그러나 고려 내부에서 이루어진 교리의 발전, 송·요·원 등 대외관계의 전개 그리고 불교신앙층의 저변확대 등 새로운 여러 여건으로 말미암아 전대와는 상당히 다른 양상을 보여준다.

불상조영의 지방적 특성

지방세력의 등장이라 할 후삼국 성립 및 호족들에 의한

관촉사 석조보살입상

분권적 상황에 따라 고려 불교문화의 상징인 불상의 조상彫像에서는 현저한 특징이 드러난다. 무엇보다도 지방에 따라 특색있는 조각형식이 등장하고 있는 점, 재질이나 규모 등에서 이전의 규격화된 틀에서 벗어나 다양화하는 경향이 그것이다. 그러면서도 한편으로는 신라 이래의 세련되고 귀족적인 취향을 계승하고 있기도 하다.

지역적으로 특색있는 불상조각으로 우선 주목할 만한 것은 강원도 명주 일대의 보살상이다. 강릉 한송사지寒松寺址·신복사지神福寺址·월정사 등에 있는 보살좌상이 그것이다. 통일신라 양식의 섬세함을 간직한 등신대等身大 크기로 원통형의 높은 관을 쓰고 탑 앞에서 공양하는 상을 취하고 있다.

이 지역은 신라 이래 유력한 왕위계승 후보자였던 김주원의 세거지世居地대로 살고 있는 고장로서 고려 초기 김순식으로 이어지는 오랜 지방세력의 근거지이며, 구산선문의 하나인 도굴산파闍崛山派가 번창한 곳이어서 이러한 독특한 유형을 보여주는 것이 가능했다고 생각된다.

쇠를 재료로 선택한 철불의 조영도 흥미있는 문제이다. 광주廣州와 원주의 철불, 서산 보원사지普願寺址의 것은 고려 초기의 걸작품인데, 신라의 대표적 작품인 경주 석굴암의 본존상을 모델로 했다는 점에서 신라양식의 흐름을 읽을 수 있다.

12세기경으로 추정되는 충주의 대원사 혹은 단호사의 철불은 같은 철불이면서도 이미 지방화된 독특한 특색을 보여준다. 충주는 고려의 대표적인 철생산지였으므로, 충주의 철불은 이 같은 배경에서 조성된 것이라 할 수 있다.

'은진미륵'의 상징성

고려시대 불상의 가장 인상적인 특징은 거대한 규모, 즉 예술성이나 세련미보다는 '힘'을 강조하는 석불의 조영이다. 고려 초 광종 19년(968)에 조영된 충남 논산시 관촉사의 석조보살입상은 그 상징적인 예이다.

흔히 '은진미륵'으로 알려진 이 석불은 높이 19m, 귀의 길이 2.7m, 눈썹 사이가 1.8m라는 거대한 불상으로서 강한 힘을 강조하고 있지만, 그 때문에 조형적 측면에서는 자연히 세련미를 결하게 된다. 머리에는 원통형의 고관高冠 위에 이중의 사각형 돌갓을 올렸다. 3등신의 비례로서 머리부분이 전신의 거의 절반을 차지하는데, 얼굴은 삼각형으로 턱이 넓고 매우 둔중한 느낌을 준다. 이 때문에 '은진미륵'은 '부조화'라는 고려시대 불상조각의 일반적 경향을 대표하는 예로 자주 언급된다. 가령 잘 알려진 한국사 개설서에는 다음과 같이 고려불상을 평가하고 있다.

> 불상으로는 영풍 부석사의 아미타여래상이 신라양식을 계승한 걸작품으로 꼽히지만, 그 밖에는 볼 만한 것이 없다. 유명한 논산의 관촉사 미륵불도 거대하기는 하지만 균형이 잡히지 않아 미술적 가치가 적다.

'미술적 가치가 적다'는 것은 다소 점잖은 표현인데, 은진미륵은 비평가에 따라 심지어'우리나라 최악의 졸작'으로 평가되기도 했다. 이 불상은 고려 초인 광종 19년(968)부터 목종 9년(1006)까지 거의 40년 작업 끝에 완성되었다고 한다. 따라서 이는 다른 거석불의 조성시기를 가늠하는 편년자료로서 유용하다.

전하는 이야기에 따르면, 반야산의 앞마을에 갑자기 큰 바위가 솟아올랐기 때문에 조정에서는 당시 금강사에 있던 혜명慧明대사를 불러 불상의 조상을 명했다고 한다. 혜명은 그 솟아나온 바위로 허리 아래를 만들고, 가슴과 머리 부분은 연산의 돌을 옮겨 완성했다고 한다.

'은진미륵'은 그 거대한 몸집과 신이한 표정으로 이미 고려 당대에도 유명했던 듯, 여말에 이색이 남긴 다음과 같은 시가 전한다.

마읍馬邑 동쪽 백여 리
시진市津 고을 관촉사네
큰 석상 미륵불은
"내 나온다, 내 나온다" 하고 땅에서 솟아났단다.
눈같이 흰빛으로 우뚝하게 큰 들에 임하니
농부가 벼를 베어 능히 보시布施하네
[석불이] 때때로 땀 흘려 군신을 놀라게 했다 함이
어찌 구전뿐일까, 옛 역사에 실려 있다오.

고려의 불상조영에서 거석불의 조성은 확실히 주목할 만한 고려적인 특성이다. 은진미륵 이후, 논산에서 멀지 않은 부여 임천 대조사의 높이 10m 미륵석불, 예산 삽교의 5.3m 석불 그리고 충북 충주 미륵대원사의 10.6m석불 등 특히 충청과 경기 일대를 중심으로 거석불의 조영은 퍽 일반화되었다.

파주 용미리 마애불입상[17.4㎡], 안동 이천동 마애불입상[12.3㎡], 제천 덕주사 마애불상[13㎡], 이천 영월암 마애여래입상[9.6㎡], 홍성 상하리 미륵불[7㎡], 천안 삼태리 마애불

[7.1m], 고창 선운사 동불암의 마애불[17m] 등 암벽에 새긴 마애불 역시 그 크기가 괄목할 만하다.

거석불의 형식적 측면을 보면, 은진미륵과 같이 암괴를 몇 개로 나누어 석불을 조성한 경우와 선운사 동불암東佛庵에서와 같이 거대한 암벽을 활용하여 불상을 선각 혹은 부조로 조각한 경우로 대별할 수 있다. 암벽을 이용한 마애불이면서 불두佛頭만 별도로 만들어 올려놓은 경우도 있다.

세련미보다는 추상적 감각

거석불은 세련됨과 심미성 대신에 다소 추상적인 느낌을 준다. 정치精緻한 터치보다는 거친 느낌의 조형이 주는 특성이라 할 수 있을 것인데, 가령 고창 선운사 동불암의 마애불좌상은 거석불의 형식과 함께 추상성을 특징으로 하여, 다분히 '민중미술'이 보여주는 감각을 그대로 드러내고 있다.

이러한 고려불상의 거대함과 추상성의 시원은 논산 개태사의 삼존불에서 엿볼 수 있다. 개태사는 936년 태조 왕건이 후백제 신검군을 격파하고 통일의 위업을 달성한 것을 기념하여 전투현장에 건립한 절로 유명하다. 삼한통일

의 기념으로 지어졌기 때문
에 태조 왕건이 친히 절의 발
원문을 짓고, 산이름을 천호
산天護山, 절이름을 개태사開泰
寺라 했던 것이다.

운주사의 전경

고려불상이 갖는 추상성
을 잘 보여주는 다른 예는 화
순 운주사의 불상들이다. 운
주사는 기왕의 정형을 깨뜨
리는 듯한 고려시대의 불탑
과 불상이 빼곡하게 들어차
있는 독특한 분위기의 절로 유명하다. 그 비정형성非定型性
과 일탈성逸脫性으로 세인들의 관심을 끌고 있는 절이다.
여기에는 1백여 기가 넘는 불상군이 있는데, 대부분이 크
지는 않지만 돌을 거칠게 다듬은 추상적인 조형물이다. 이
에 대하여 『운주사』의 필자이태호 외는 다음과 같이 묘사하
고 있다.

> 운주사의 돌부처는 하나하나 뜯어보면 한결같이 못생겨서 부
> 처의 위엄이라고는 전혀 찾아볼 수가 없다. 눈·코·입은 물
> 론 신체비례도 제대로 맞지 않으며 일반적으로 정통불상이
> 지닌 도상에서 크게 어긋난 파격적인 형식미를 띤다.… 이처
> 럼 정형이 깨진 파격미, 힘이 실린 도전적 단순미, 친근하면서

도 우습게만 느껴지는 토속적인 해학미와 아울러 그것들이
흩어져 있으면서도 집단적으로 배치된 점이 운주사 불적佛跡
의 신선한 감명이며 특별한 매력이다.

이 같은 고려석불의 한 특징은 고려문화가 신라 이래의
귀족문화를 계승한 측면과 더불어 광범한 지방의 기층사
회의 문화를 포섭했던 데서 오는 특성이라 할 수 있다. 고
창 선운사 동불암의 마애불은 그 크기나 추상적 새김이 퍽
인상적인 작품의 하나이다.

높이 17m의 거대한 이 마애불, 머리부분은 암벽을
깊이 파서 새겼으나, 아래로 내려오면서 점차 선을 얕게
처리했는데, 각이 진 얼굴, 양끝이 올라간 눈, 입을 꾹 다문
모습 등 고려불상의 지방적 작품이 보여주는 분위기를 잘

담고 있다. 이 마애불의 배꼽에는 신기한 비결이 들어 있었는데, 1892년 동학도들이 대나무로 엮은 발판을 만들어 석불 배꼽의 비결을 빼내갔다가 절도죄로 처형되는 등 혼쭐났다고 한다.

이들 고려 거석불은 대개 미륵보살인데, 당시 고려 지방사회 거석불 유행은 미륵신앙과 밀접히 연관되어 있음을 알 수 있다. 고려의 미륵신앙은 특히 불우한 현세를 딛고 미래에 희망을 거는 민중들의 종교적 경향을 잘 드러내 보여준다.

고려는 섬세하고 화려한 귀족문화는 물론 독특한 지방문화를 함께 꽃피움으로써 그 문화적 다양성을 잘 보여주고 있다. 이 같은 문화적 다양성은 결국 고려인의 문화를 담당할 수 있는 능력에서 비롯되었다고 할 것이다.

윤용혁

그림으로 나타낸 불심, 고려불화

고려 불교미술의 대표는 불화다. 불화는 '불교회화'의 줄임말로 불교신앙을 그림으로 압축하여 표현한 것인데, 불탑·불상·불경 등과 함께 신앙의 대상이 된다. 불화는 만들어진 형태에 따라 벽화·탱화·경화經畵 등으로 분류하는데, 우리나라에서는 종이·비단 또는 베에 불교 경전의 내용을 그려 벽면에 걸도록 만들어진 탱화가 주류를 이루고 있다.

불화와 귀족

현재 남아 있는 고려불화의 대부분은 고려 후기 약 1백 년 사이에 그려진 것으로 추정되는데, 이들 대부분이 관음보살·아미타불·지장보살을 그린 것으로 그 내용이 상당히 한정되어 있다.

그런데 이들이 고려 후기에 제작된 것들이라고 해서 그 시기에만 불화가 그려졌을 것이라고는 아무도 생각하지 않을 것이다. 고려시대 전시기에 걸쳐 끊임없이 그려졌을 것임은 분명하고, 그 내용도 지금 남아 있는 것들보다 좀더 다양했을 것이다.

여의륜관음상(如意輪觀音像)
일본 동경 근진(根津)미술관에
소장된 관음상

『동문선東文選』에 실린 「선원사비로전단청기禪院寺毘盧殿丹靑記」는 태정泰定 1년, 즉 고려 충숙왕 11년(1324)년에 있었던 불사와 관련된 글인데, 여기에 불교관련 그림이 매우 다양했음을 알려주는 다음과 같은 기록이 있다.

태정 갑자년 송나라에서 물감을 사들여 와서 이듬해 봄, 동·서벽에 40분의 신중상神衆像을 그리고 창과 난간에 칠을 했다. 무늬가 있는 새며 동물, 진기한 꽃, 보배로운 풀들이 기둥·서까래 사이에서 꿈틀거리며, 부처님·하늘의 신선·신인·귀신 등이 담과 난간·창살 사이에 죽 늘어서니 좋기도 하려니와 두렵기도 했다.

이 글에는 단청을 그리기 위해 송나라에서 물감을 수입

했다는 사실도 함께 기록되어 있는데, 사찰의 단장을 위해 물감을 수입할 정도로 고려사회에서 불교는 중요한 위치를 차지하고 있었던 것이다.

외국에서 물감을 수입하는 데 드는 많은 돈을 지원해 줄 수 있는 세력은 주로 넉넉한 재력을 가진 왕족이나 귀족들이었음에 틀림없다. 즉 고려시대 불화예술이 화려하게 꽃피울 수 있었던 데는 왕족이나 귀족이 배후에 있었기 때문에 가능한 것이었음을 말해 준다.

고려정권은 건국의 이념적 토대를 마련해 준 불교에 대해 매우 호의적이었으며, 불교 교단에는 많은 혜택을 주었다. 사원에 토지를 기부하기도 하고 각종 세금면제와 부역면제 등의 혜택을 베풀어주었다. 고려의 귀족들은 많은 원찰願刹을 세웠는데, 이는 국가가 불교를 후원했기 때문이기도 하지만, 온갖 세제혜택을 받으면서 재산을 몰래 숨기고 불리기 쉽다는 데 또 하나의 이유가 있었다.

아미타도
일본 동해암(東海庵)에 소장된 아미타여래 그림

귀족들은 온갖 특혜가 주어지는 사원을 장악함으로써 절을 자신들의 번영과 극락왕생을 보장하는 곳으로 만들었다. 검은 비단에 금이나 은을 수은에 녹여 정교하게 그림으로써 섬세함과 화려함의 극치를 보인 고려불화는 귀족들이 소원을 빌기 위해 개인용 사찰인 원당願堂에 걸어놓았던 그림이었다. 귀족들은 자기 집안의 영원한 평안을 위하여 원찰을 세우고 불화를 봉안했던 것이다.

귀족들은 축복받은 세상이 영원히 지속되기를 바라는 마음에서 불화를 기꺼이 제작했고, 그 불화는 고려귀족들이 지상에서의 영원한 부귀영화를 기원하는 도구로 사용되었던 것이다.

아미타신앙과 불화제작

오늘날까지 전해지는 고려불화 가운데 가장 많은 것은 '아미타불화阿彌陀佛畵'이다. 아미타불화는 「관경변상도觀經變相圖」·「아미타존상도阿彌陀尊像圖」·「아미타래영도阿彌陀來迎圖」 등 세 종류가 있는데, 비교적 골고루 남아 있다. 아미타신앙은 통일신라 이후 우리나라에서 가장 성행한 불교신앙으로 정토삼부경淨土三部經, 즉 『아미타경阿彌陀經』·『무량수경無量壽經』·『관무량수경觀無量壽經』 등을 바탕으로 성립된 신앙이다.

　　부처의 불국토인 '정토淨土'는 '극락정토極樂淨土'의 줄임말로 '안락安樂'·'안양安養'으로도 불리는데, 인간이 사는 세계인 '예토穢土'와는 달리 어떠한 고뇌도 고통도 없으며, 무한·무량의 즐거움만을 누린다는 곳이다.

　　살아 있을 때는 오래 살고, 죽어서는 극락에 다시 태어나기를 바라는 인간의 속성 때문인지 정토신앙은 우리나라뿐만 아니라 인도·중국 등지에서도 널리 유행했다.

　　이들 정토삼부경 가운데 가장 발달한 경이 『관무량수경』이다. 이 경은 산스크리트어와 티베트어본은 남아 있지 않고 번역본만 남아 있는데, 정토삼부경 가운데 가장 후대에 편찬된 것으로 알려져 있다. 부처님 당시 가장 강대한 왕국이었던 마가다왕국의 빈비사라대왕頻毘沙羅大王과 태자 아사세阿闍世 사이에 빚어진 부자 사이의 왕권다툼과 근친살해 등의 비극 그리고 이의 원인과 구제를 엮은 책인데, 그 대강의 이야기를 정리하면 다음과 같다.

　　인도의 마가다왕국에 늙은 왕빈비사라대왕이 있었다. 왕비[韋提希]와의 사이에 왕자가 겨우 태어날 수 있었다. 그러나 이보다 앞서 이 나라에는 선인仙人이 죽어서 왕자로 태어난다는 예언이 있었다. 이 때 한 선인이 억울하게 죽임을 당한 적이 있었다. 그런데 공교롭게도 마가다왕국에 태어난 왕자가 그

선인의 화신이라는 예언가의 말이 있었던 것이다. 예언가는 이 귀하게 태어난 왕자가 억울하게 살해된 선인의 원한을 품고 태어났기 때문에 일찍 죽이지 않으면 나라에 큰 화를 부른다고 예언했다. 왕은 예언자의 말을 듣고, 아들을 몇 번이나 죽이려 했지만 실패하자, 시녀에게 주어 기르게 했다.

그 후 태자로 맞아들이게 되었는데, 커서 이 사실을 알게 된 왕자는 부처님의 사촌동생으로 왕위계승 때문에 원한을 품고 있던 제바달다의 꾐에 빠져 부왕을 옥에 가두고 왕위를 찬탈했다. 이를 비관한 왕비가 영산에 있는 석가모니에게 간절하게 구원을 청하자 부처님은 극락정토의 여러 가지 장면, 즉 열여섯 가지 장면을 관상觀想하게 하고, 극락정토를 신통력으로 보여줌으로써 마침내 왕비와 시녀들을 구원해 주었다.

이 내용을 그림으로 압축해서 묘사한 것이 바로 고려불화의 주제 중 하나인 '관경변상도觀經變相圖'이다. 변상도는 크게 두 가지 내용으로 그려지는데, 하나는 아사세 태자가 부왕 빈비사라대왕을 가두고 왕위를 찬탈한 뒤에 굶겨 죽이는 역사적 사건의 원인을 그린 '관경서품변상觀經序品變相'이고, 다른 하나는 석가모니가 보여준 극락정토의 16가지 장면을 그 내용으로 삼은 '본변상本變相'이다.

'관경변상도'는 여러 점이 전하는데, 대형 작품이며 작품성도 뛰어난 그림이다. 이러한 주제의 그림이 고려에서 유행하게 된 원인에 대해, 어떤 학자는 당시 고려왕실에서

충렬왕과 충선왕 부자 사이의 왕권쟁탈전을 생생하게 겪었기 때문이 아니겠느냐는 추론을 하기도 했다.

그러나 그보다는 아미타신앙이 고려시대에 널리 유행했던 신앙이었기 때문에 그러했을 것으로 보는 것이 좀더 타당하지 않을까 생각된다. 아미타신앙이 고려사회에서 널리 유행했음은 『고려사』 열전 임민비林民庇조에서 승려 일엄日嚴과 관련된 사건을 통해서 엿볼 수 있다.

일엄이란 승려가 전주全州에 있었는데, 스스로 이르기를 "눈 먼 사람을 뜨게 하고 죽은 사람을 다시 살릴 수 있다"고 했다. 그래서 왕이 내시 금극의琴克儀를 보내 영접하여 오게 했다. 서울로 오는 도중에 그는 머리에 채색한 첩건綵巾: 면사로 짠 두건을 쓰고 얼룩말을 탔으며, 비단부채로 얼굴을 가리고 제자 중들이 전후좌우로 둘러싸서 일반 사람들은 그를 바로 볼 수도 없게 했다. 보현원에 숙소를 정했는데, 도성 사람들로서 귀하거나 천하거나 노인이나 어린이를 막론하고 모두 달려가서 일엄을 보려 하므로 동네가 텅 비었다. 장님·귀머거리·벙어리·절름발이 등이 그의 앞으로 밀려왔다. 일엄이 부채로 지휘하여 불구자들을 천수사로 맞아 들여놓고 자기는 그 절 남문 문루 위에 올라가서 앉으니 재상과 대신들도 그 앞에 공손히 뵈었으며 사대부의 부녀들은 다투어 가며 머리털을 풀어놓고 중의 발로 자기 머리털을 밟기를 원했다. 일엄이 그들에게 '아미타불阿彌陀佛'을 부르게 하니 그 소리가 십 리 밖에까지 들렸다. 일엄의 세수한 물, 양치한 물, 목욕한 물을 한 방울만 얻어도 천금이나 얻은 듯이 귀중히 여기고 마시지 않는 자가 없었으며 이것을 법수法水라고 하면서 이 물을 마시면 무슨 병이든지 고쳐지는 약수라고 했다. 그래서 남자와 여성들이 밤낮으로 한곳에서 섞여 있었으므로 추잡한 소문도 전파되었으며 머리를 깎고 일엄의 제자가 된 자도 그 수효를 헤아릴 수 없었다.

어느 한 사람도 이 일에 대하여 왕에게 간언을 하여 제지시키려는 자가 없었다. 명종이 점차 일엄의 거짓을 깨닫고서 고향으로 돌려보냈다. 일엄이 당초 사람을 속일 때에 말하기를 "만 가지의 법은 오직 마음 하나에 달렸다. 네가 만일 염불을 부지런히 하면서 내 병은 이미 완치되었다고 생각하면 병은 즉시 저절로 완치될 것이니 아예 병이 완치되지 않았다고 말해서는 안 된다"라고 했다. 그리하여 장님은 눈이 벌써 보인다고 말했으며, 귀머거리도 말이 들린다고 거짓말을 했다. 이 까닭에 사람들이 모두 어울리게 되었다. 중서시랑 문극겸 文克謙이 사복을 입고 찾아가서 예를 드리었고, 임민비도 문루 아래에서 절했다.

위 글은 일엄이란 승려의 사기행동에 중서시랑 문극겸과 평장사 임민비를 비롯하여 심지어 국왕까지 온 나라 사람들이 속아 넘어간 희대의 사기사건에 대한 기록이다. 이 사기행각에 일엄이 이용한 신앙이 아미타신앙이었던 것이다.

이런 사기행동이 가능했던 것은 아마도 아미타신앙이

고려사회에서 널리 퍼져 있던 신앙이었기에 그러했을 것이다. 일엄이 자기를 따르는 자들에게 '아미타불'을 부르게 했다고 하는데, 이것은 '나무아미타불 관세음보살'이라는 염불만 외면 누구나 서방 극락정토에 왕생할 수 있다는 형태의 정토신앙이었을 것이다.

지장시왕도(地藏十王圖)

이 그림은 지장신앙과 명부신앙이 혼합된 고려시대의 '지장시왕도'로, 지장보살을 중심으로 좌우 협시와 10대왕·판관 등이 함께 묘사되어 있다.

그런데 한편으로는 일엄이 행한 일이 과연 사기행각이었는가 하는 점에 의문이 생긴다. 기록대로라면 국왕까지 속인 희대의 사건임에도 불구하고, 일엄에 대해 어떠한 처벌도 가하지 않고 그냥 고향으로 돌려보냈다고 하기 때문이다. 나라 전체를 현혹한 승려를 아무런 제재도 가하지 않고 고향으로 돌려보냈다는 점은 선뜻 이해하기 어렵다. 혹시 당시 기득권을 가지고 있던 교종측에서 일엄의 정토신앙을 달갑게 여기지 않았던 탓에 국왕도 어쩔 수 없이 돌려보내야만 했던 것은 아니었을까. 여하튼 이 사기행각은 아미타신앙이 고려사회 전반에 널

리 퍼져 있었음을 엿볼 수 있게 한다. 아미타불과 관련한
불화가 많이 그려진 것도 당시 이러한 사회 분위기 때문에
그러했을 것임을 추정해 볼 수 있다.

아미타불화 외에 관음보살·지장보살·시왕도十王圖
등의 불화가 왕실과 귀족들의 시주로 많이 그려졌다. 현세
의 온갖 재앙·고통·고뇌를 구제하는 관음보살과 악업을
짓고 지옥도地獄道에 빠진 중생을 구제하는 지장보살을 그
린 그림이 대량생산된 사실에서 미래의 안락과 현세의 평
안을 염원하던 당시 사람들의 간절한 바람을 엿볼 수 있다.

고려불화의 구성과 아름다움

대개 1~2m 내외의 크기인 고려불화는 거의 모든 도상
圖相이 내용별로 유사성을 지니고 있으며, 표현에도 많은
공통점을 갖고 있다. 오늘날 전하는 불화가 그려진 시기가
고려 후기 약 1백 년 사이에 집중되어 있기 때문에 아마도
당시 유행하던 형식이었을 가능성이 높다. 하지만 종교미
술로서 지켜야만 하는 엄격성으로부터 나오는 것일 가능
성도 배제할 수는 없다.

인물이 많이 등장하는 군도群圖일 때 고려불화는 매우

독특한 화면구성을 보이는데, 상하를 구분하여 위에는 본존불本尊佛, 아래에는 협시보살挾侍菩薩을 배치하는 이른바 2단구도가 특징이다. 본존 무릎 위로 본존 이외의 협시가 전혀 없는 화면구성은 본존의 권위를 극대화시킬 뿐만 아니라 본존에게 시선을 집중시켜 주는 효과를 거두고 있다.

여기에 금선金線으로 머리 주위와 신체를 둥글게 감싼 두광頭光과 신광身光은 본존을 훨씬 돋보이게 한다. 이런 효과는「수월관음도水月觀音圖」·「아미타9존도阿彌陀九尊圖」·「미륵하생변상도彌勒下生變相圖」에 이르기까지 모든 고려불화에서 발견되는데, 금선의 광배를 매우 적절하게 사용함으로써 극적인 효과를 얻고 있다. 물론 이런 금선은 협시보살들에게도 적용되고 있다.

고려불화의 2단구성은 구성면에서 조선시대 불화와 대조를 이루고 있다. 조선시대 불화가 본존을 중심에 두고 협시를 원형으로 전체화면에 배치하고 있는 것과 좋은 대조를 이룬다. 뿐만 아니라 조선시대 불화는 후기로 갈수록 본존과 협시의 비례가 점차 비슷해지고, 구성도 본존이 여러 협시 무리들에게 둘러싸여 다정하게 대화하고 있는 것처럼 묘사된다.

이러한 화면구성의 차이에 대해 학자들은 조선시대의 불교회화는 권위주의적인 면을 많이 탈피해 일반 백성들에게 한층 더 가까이 다가선 반면, 고려시대에는 권위를 강조하는 귀족적 성격을 강하게 가지고 있었기 때문이라고 보고 있다.

구도와 함께 고려불화의 특징으로 꼽을 수 있는 것이 바로 색채와 문양이다. 색채는 밝고 은은한 색조로 전화면을 채색하고 있는 것이 특징인데, 붉은색·초록색·흰색·밤색·감청색 등에 찬란한 금색이 조화되어 화려하고 고상한 분위기를 자아내고 있다. 특히 금색을 비롯한 몇몇 색은 화면 뒤에서 색칠하여 앞으로 배어 나오게 하는 채색방법을 사용함으로써, 색이 은은함은 물론 오랜 세월이 지난 뒤에도 퇴색되지 않고 오늘날까지 고려불화의 아름다움을 그대로 전해 주고 있다.

고려불화의 본존을 비롯한 인물들은 대부분 화려한 무늬가 꼼꼼하게 새겨진 옷을 걸치고 있는데, 특히 붉은 바탕의 가사에 묘사된 커다란 원형무늬, 옷깃에 표현된 많은 식물문양, 관음보살의 투명한 사라紗羅[깁]에 새겨진 세밀한 문양은 고려불화의 아름다움을 한껏 보여주는 요소 가운데 하나이다.

"고려불화는 장중한 채색과 유려한 선으로 회화로서의 각별한 아름다움을 보여준다. 화면은 적색과 청색과 녹색의 극채색極彩色이 주조를 이루고 있으며, 밝은 빛을 주면서 동시에 장중한 느낌을 주는 금니金泥의 반사에 의해 무한한 빛의 공간을 펼쳐주고 이러한 빛의 반사효과로 해서 회화의 한계인 평면성을 극복해 내고 있다"고 평을 받을 만큼 고려불화는 시대를 뛰어넘는 아름다움으로 현재를 살아가는 우리에게 고려인의 미의식을 말없이 보여주고 있다.

허인욱